세상을 바꾼 위대한 아이디어 3

생각하는 기계

생각하는 사람, 톰을 위해

Machines That Think!
by Don Brown

Text and Illustrations Copyright © 2020, Don Brown
First published in the English language in 2020
By Amulet Books, an imprint of Abrams, New York.
ORIGINAL ENGLISH TITLE: MACHINES THAT THINK!: BIG IDEAS THAT
CHANGED THE WORLD
All rights reserved in all countries by Harry N. Abrams, Inc.
Korean Translation Copyright © 2022, Dourei Publication Co.
Korean translation rights arranged with Harry N. Abrams, Inc. through YA(Eric Yang Agency).

이 책의 한국어판 저작권은 EYA(Eric Yang Agency)를 통해 Harry N. Abrams, Inc.사와 독점계약한 두레출판사가 갖고 있습니다. 저작권법에 의하여 한국 내에서 보호를 받는 저작물이므로 무단으로 전재하거나 복제할 수 없습니다.

• 일러두기

- 달리 설명이 없으면, 인용 부호는 실제 인용을 나타냅니다.
- '2진수(binary)'와 '2진법(bits)' 설명은 110쪽에 있습니다.

세상을 바꾼 위대한 아이디어 3

생각하는 기계

돈 브라운 글·그림
이성민 옮김

누레아이들

지혜의 집,
초대형 도서관이자 배움의 전당

아라비아 숫자는 로마 숫자보다 써먹기 쉽지만,
그래도 숫자가 많으면 힘들어.
숫자들이 줄줄이 늘어선 긴 덧셈 숙제들을 생각해 봐.
그것 봐. 생각만 해도 힘들고… 지겹지!

걱정 마. 그렇게 생각한 게 여러분이 처음은 아니야. 오래전부터 사람들은 큰 수와 씨름해 왔어. 세월이 흐르면서 덧셈, 뺄셈, 곱셈, 나눗셈 같은 계산을 좀 더 쉽게 할 아이디어가 쏟아졌어. 그러나 숫자들을 다루는 게 식은 죽 먹기가 된 건 계산기가 발명되고 나서야.

그리고 계산기로 단순히
계산이 아니라 그 이상의 다른
작업들을 하는 굉장한 아이디어가
나왔어. 나 때는 말이야,
꿈도 꿀 수 없던 일이야!

그리고 이 모든 것은 모래밭의 돌에서 시작됐다고 할 수 있어.

오래전에—지난달이나 지난해 이야기가 아니라 수천 년 전을 말하는 거야—사람들은 돌로 계산을 하는 아이디어를 생각해 냈어. 모래밭에 조약돌을 여러 줄로 늘어놓고, 각각의 줄에 이를테면 1, 10, 100… 하는 식으로 값을 정해 두는 거야.

그러고는 줄마다 조약돌이 몇 개씩인지 세었어. 1이라고 정한 줄에 돌이 열 개가 되면, 10이라고 정한 줄에 돌 한 개를 더했어. 10 줄에 돌이 열 개가 되면 100 줄에 돌 한 개를 더했지. 줄마다 돌을 더하거나 빼는 식으로 하면 머릿속으로 하는 것보다 훨씬 쉽게 계산할 수 있었어!

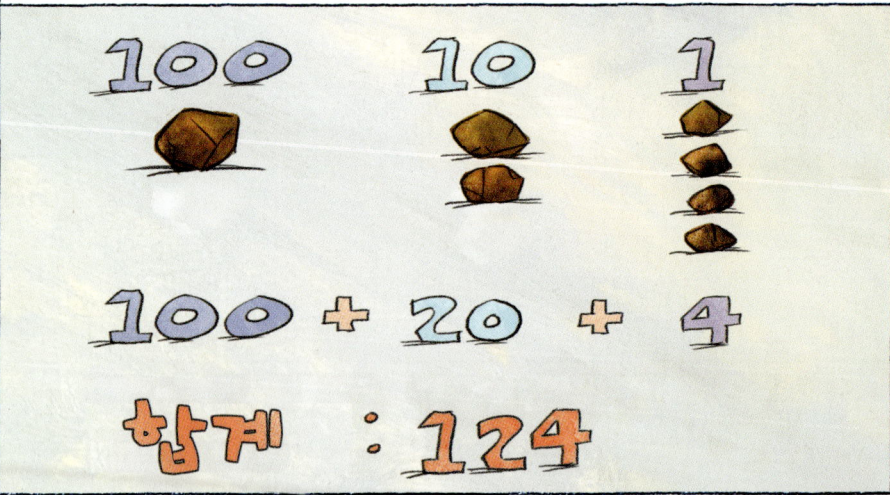

나중에 사람들은 모래밭 대신 나무판에 돌을 놓고 세기 시작했어. 머지않아서 돌은 금속 알갱이나 구슬로 바뀌고 나무판은 그냥 나무틀로 바뀌면서 셈판의 형태를 갖추게 됐어. 우리가 '주판'이라고 알고 있는 거지.

고대 그리스와 로마 사람들은 주판을 썼고, 중세 유럽 사람들도 주판을 썼어. 아시아에서는 지금도 주판이 제법 쓰이고 있어.

블레즈 파스칼

또 다른 굉장한 아이디어가 세상에 등장하기까지는 아주 오랜 시간이 걸렸어. 그 발명품의 주인공은 블레즈 파스칼이라는 천재였어.

1642년, 열아홉 살의 프랑스 청년 파스칼은 세무 징수원인 아버지 에티엔의 일을 거들고 있었어.

세무 자료를 정리하는 일은 장난이 아니었지. 더하고, 빼고, 나누고, 곱하고…! '아, 골치아파. 속이 터질 것 같아! 뭔가 대책이 있어야겠어!' 파스칼은 생각했어.

그렇게 파스칼 계산기가 탄생했어. 회전판, 톱니바퀴, 축 그리고 숫자 입력 다이얼로 구성된 장치였는데, 크기는 신발 상자만 했어. 기술을 독학해서 만든 건데, 대단하지!

그리고 동작이 됐어! 아, 되기는 된 거야. 파스칼 계산기는 덧셈 정도는 쓸 만했어. 뺄셈, 곱셈 그리고 나눗셈은 어땠냐고? 뭐, 그건 그다지….

사람들은 파스칼 계산기의 정확성을 의심했어.

"기계로 한 계산을 믿으라고요? 에이, 농담도 잘하셔."*

* 실제로 이 말을 한 것은 아님.

더구나 파스칼 계산기는 프랑스 사람들의 1년 평균 임금보다도 비쌌어.

파스칼 계산기가 처음 등장한 뒤, 독일에서는 고트프리트 빌헬름 폰 라이프니츠가 태어났어. 라이프니츠도 천재였어. 어쩌면 파스칼보다도 더….

1672년 무렵, 라이프니츠는 기계식 계산기의 아이디어를 생각해 냈어. 하지만 그의 계산기는 그리 완벽하진 않았지.

라이프니츠

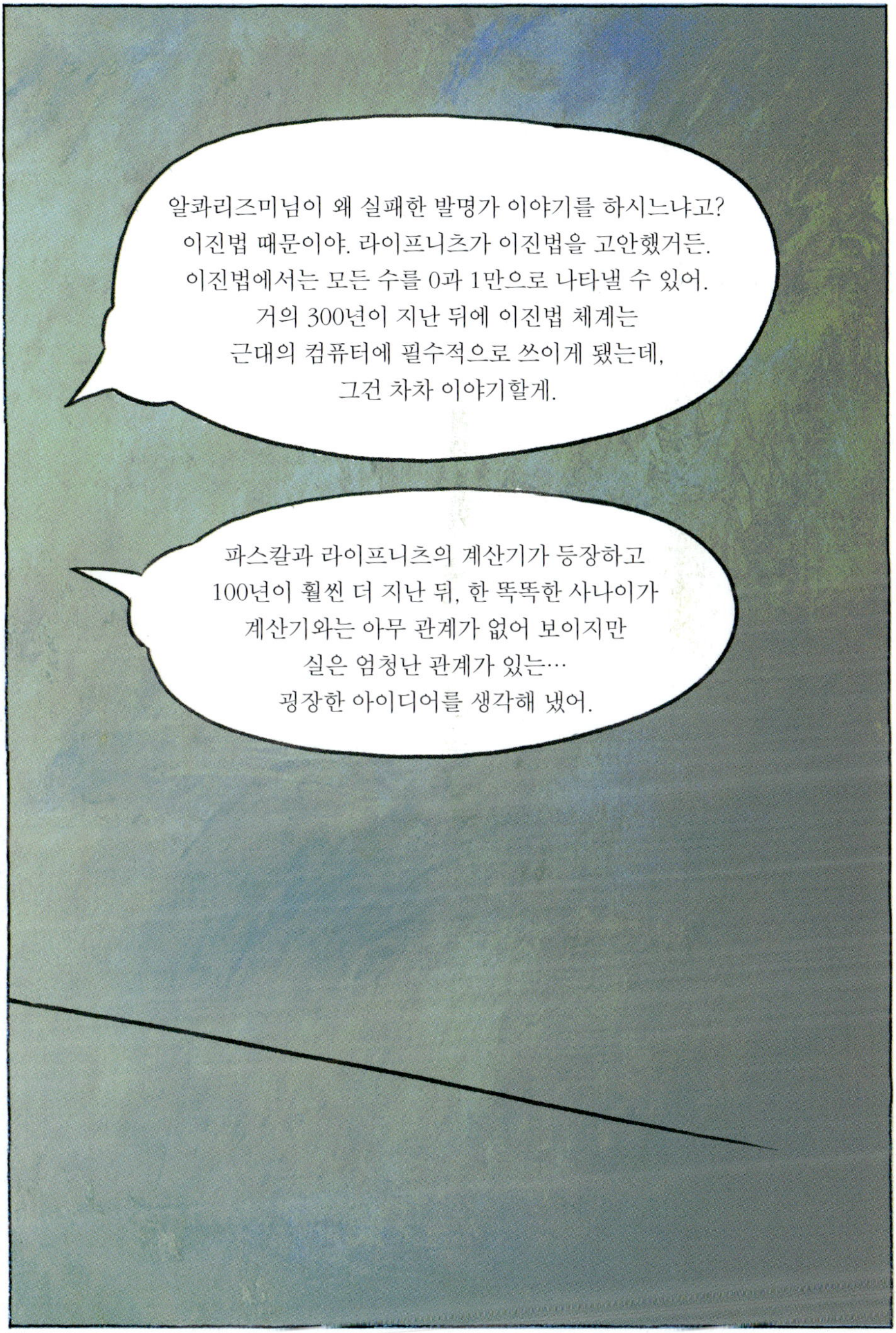

알콰리즈미님이 왜 실패한 발명가 이야기를 하시느냐고?
이진법 때문이야. 라이프니츠가 이진법을 고안했거든.
이진법에서는 모든 수를 0과 1만으로 나타낼 수 있어.
거의 300년이 지난 뒤에 이진법 체계는
근대의 컴퓨터에 필수적으로 쓰이게 됐는데,
그건 차차 이야기할게.

파스칼과 라이프니츠의 계산기가 등장하고
100년이 훨씬 더 지난 뒤, 한 똑똑한 사나이가
계산기와는 아무 관계가 없어 보이지만
실은 엄청난 관계가 있는…
굉장한 아이디어를 생각해 냈어.

방직기는 실 가닥들을 다른 실 가닥들과 엮는 기계야. 실들을 계속해서 엮으면 옷감이 만들어지지.

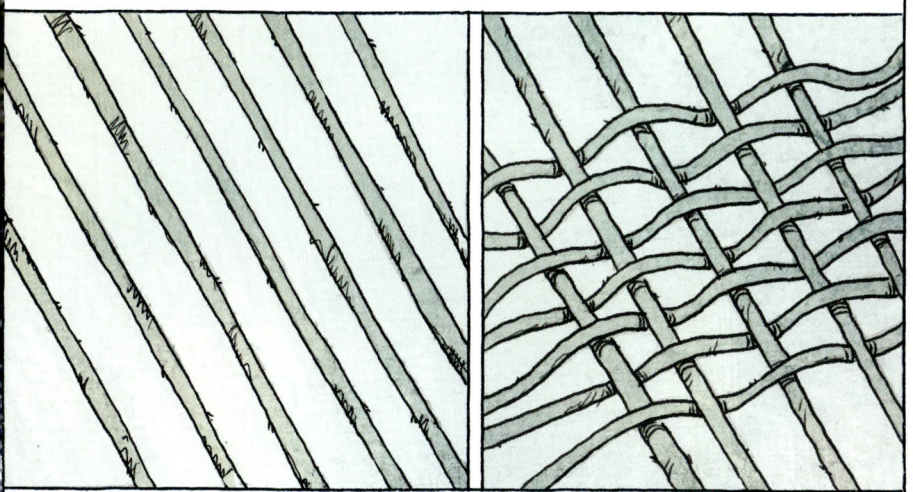

방직기의 수많은 막대를 교묘하게 움직여서 어떤 실 가닥들을 밑으로 당겼다 위로 당겼다 하면 옷감에 꽃무늬 같은 장식 무늬들을 짜 넣을 수 있어. 하지만 어떤 종류의 무늬든 손으로 직접 짜 넣는 것은 더디고, 지루하고, 힘들다는 것을 자카르는 알았어. 복잡한 무늬? 아서! 그런 것을 만드는 데에는 몇 달, 심지어는 몇 년이 걸렸거든. 그러나 자카르에게는 굉장한 아이디어가 있었어.

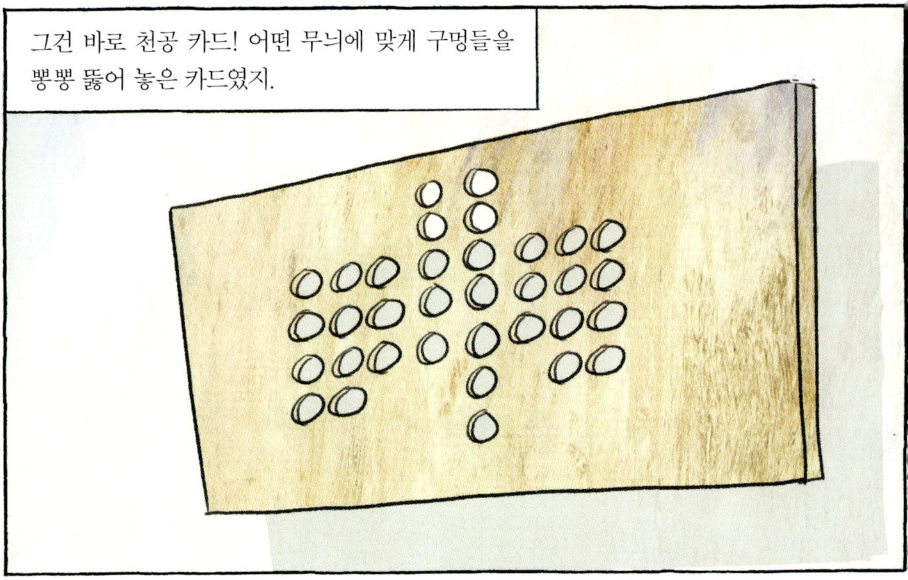

그건 바로 천공 카드! 어떤 무늬에 맞게 구멍들을 뽕뽕 뚫어 놓은 카드였지.

각각의 카드에는 독특하게 배치된 구멍들이 나 있었고, 카드를 방직기에 한 장씩 차례차례 넣으면 자동으로 옷감에 무늬를 넣을 수 있었어.

자카르의 신형 방직기는 기적의 발명품이었어. 너무나 중요한 발명이라고 생각한 프랑스 정부는 자카르 방직기를 손에 넣어 버렸어. 아, 걱정하지는 마! 자카르는 기계 한 대마다 특허 사용료를 받고, 연금도 받았으니까.

그러나 많은 사람이 자카르 방직기나 그와 비슷한 기계들을 미워했어. 방직기 같은 기계들을 대체 누가 미워했을까?

그건 바로 장인들이었어. 손으로 일일이 작업해서 먹고사는 사람들 말이야. 똑똑한 기계들 때문에 그들이 일자리를 잃었거든.

'러다이트'라고 알려진 사람들은 기계를 부수고, 기계 주인을 죽이기까지 했어. 러다이트는 직물 기계들을 부수어 유명해진 직공 네드 러드에서 유래한 이름이야. 아니, 에드 러들럼이라던가? 정확하게 아는 사람은 없는데, 사실은 러드가 실제 인물인지도 확실치가 않아! 이렇게 기계를 파괴하는 운동을 러다이트 운동이라고 해.

러다이트들은 영국의 귀족이면서 유명한 시인인 조지 바이런의 공감을 얻었어. 아직 무명이던 시절에 바이런은 이렇게 외쳤어.

"노동자들이 기계의 발전에 희생되었다!"

흥미로운 이야기지. 그런데 시인 바이런이 계산기와 무슨 관계가 있을까? 바이런은 전혀 없어… 그러나 그의 딸은 관계가 있어.

그런데 말이야, 바이런은 말썽 많고 제멋대로인 인간이었어.

"미쳤고, 못됐고, 알면 위험한 인간."

바이런의 부인은 딸 에이다가 바이런을 닮지 않기를 바랐어.

바이런 부인은 사람이 반듯해지려면 오랫동안 제대로 공부해야 한다고 생각해서 에이다에게 공부를 많이 시켰어.

수학을 오랜 시간 동안 억지로 공부하는 것은 아이들에게는 괴로운 일이겠지만 에이다에게는 그렇지 않았지.

에이다는 다행히도 수학을 아주 좋아했어. 에이다가 보기에 수학은…

"시 같은 과학이라고요."

그리고 에이다는 아빠를 화나게 만들었던 똑똑한 기계들에 완전히 반했어.

자카르 방직기를 견학하러 가서는 그 동작 원리를 스케치로 담기도 했지.

에이다는 과학자들 만나는 것도 좋아했어. 특히 에이다의 삶과 떼려야 뗄 수 없는 과학자가 있었는데, 그의 이름은 찰스 배비지였어.

배비지도 기계를 좋아했어. 배비지는 발명가로도 활동하면서 '소 치우개'를 발명했어. 철길에서 얼쩡거려 기차 운행에 지장을 주는 동물들을 옆으로 밀어내 주는 장치였어. 장애물을 제거한다고 해서 '배장기'라고도 해.

과학자들이 수많은 숫자를 지겹도록 계산하며 괴로워하는 모습을 본 배비지는 그들의 짐을 덜어 줄 아이디어를 생각해 냈어. 바로 '차분 기관'이라는 기계였지.

파스칼 계산기에 들어가는 것보다 복잡한 부품들로 만들어질 배비지의 기관은 숫자를 저장하고, 복잡한 계산을 해내고, 결과를 출력하는 기능까지 계획되었어.

차분 기관은 아주 굉장한 장치가 될 것으로 보였어. 그래서 영국 정부는 이를 제작하기 위해 전함 한 척 값보다 많은 돈을 지원했어.

그러나 10년이 지나고도… 나온 게 없었어.

기관을 제작하는 데 필요한 정밀한 톱니바퀴, 지렛대, 축, 회전판 같은 것들을 제작할 기술이 당시에는 없었거든.

그러나 배비지는 포기하지 않았어. 온갖 아이디어를 다 짜낸 끝에 훨씬 더 좋은 장치를 생각해 냈어. 이 기계는 '해석 기관'이라는 기었어.

크기가 방 하나만 하고, 증기 기관을 동력으로 쓰는 이 해석 기관은 완성만 되면 어떤 종류의 계산이든 다 끝장을 낼 기세였어.

배비지는 자료를 기계에 넣는 입력 장치, 자료를 보관하는 저장 장치, 계산을 수행하는 연산 장치, 그리고 계산 결과를 출력하는 출력 장치 등 네 부분으로 이루어진 해석 기관을 계획했어. 오늘날의 컴퓨터에서도 볼 수 있는 구성이지!

해석 기관을 조작하는 건 바로… 천공 카드였어! 자카르의 방직기에서 아이디어를 얻은 배비지는 천공 카드로 기능을 설정하고, 계산을 하고, 결과를 출력하는 것을 계획했어.

배비지의 천공 카드 장치는 자카르의 것보다 정교했어. 막대와 바늘들이 지렛대, 톱니바퀴, 스위치들을 움직이거나 움직이지 않게 함으로써 카드로 숫자를 입력하고, 계산하고, 심지어 계산 결과를 보고 나서는 과정을 되돌릴 수도 있었지!

천공 카드 이야기는 이제 에이다 바이런 이야기로 이어져.

뭐, 내가 에이다 이야기를 깜빡한 줄 알았다고?

에이다는 열일곱 살이던 1833년에 배비지를 만났어. 두 사람은 그 뒤로 오랫동안 서로 협력하게 돼.

1843년 무렵, 에이다는 결혼을 해서 에이다 러블레이스라는 이름을 갖게 됐어. 배비지는 에이다가 재능 있는 수학자이면서 글도 잘 쓴다는 것을 알고 있었어. 그래서 에이다에게 해석 기관을 설명하는 글을 써 달라고 부탁했어. 저명한 과학 학술지에 제출해 달라는 것이었지. 그렇게 해서 쓴 에이다의 「주석(설명)」이라는 글은 20세기에까지 그 영향을 미쳤어.

"해석 기관은 단순한 계산 기계들과는 근본적으로 다릅니다."

… 에이다의 말은, 즉 해석 기관은 다목적 기계라는 뜻이었어. 에이다는 어떤 종류의 정보나 자료라도 해석 기관으로 처리하거나 바꿀 수 있다는 것을 간파한 거야.

"해석 기관은 어떤 값들을 마치 글자나 기호처럼 배열하고 합칠 수 있습니다…."

예를 들면, 언젠가는 음악을 연주하는 것도 가능해질 거라고 생각했지.

에이다는 천공 카드를 써서 이 기계를 프로그래밍하는 창의적인 방법들을 제시했어. '프로그램'은 요리법 같은 거야. 아, 계산기에서 요리가 나온다는 이야기가 아니라, 어떤 작업을 수행하는 데 필요한 단계들을 차례로 실행하게 한다는 뜻이야.

에이다 러블레이스는 서른여섯 살에 병으로 죽었어. 배비지는 일흔두 살까지 살다가 괴짜의 삶을 마감했어.

배비지는 친구인 작가 찰스 디킨스와 함께 거리 악사와 그들의 소음을 법으로 금지하는 운동을 벌이기도 했어.

길거리 오르간을 연주하는 악사들은 배비지에게 앙갚음을 하기 위해, 임종을 앞둔 그의 집 앞에서 시끄럽게 떠들어 댔어.

매애애~!

배비지도 실제 해석 기관을 만들지 못했고, 러블레이스도 이를 위한 프로그래밍을 하지 못했어. 그러나 이들의 아이디어는 100년 뒤에 다시 이어지게 돼.

그사이에 천공 카드는 미국의 기술자 허먼 홀러리스와 미국 인구조사국이 그 중요성을 입증했어. 홀러리스가 등장하기 전까지만 해도, 인구조사국은 10년에 한 번 실시하는 인구 조사 자료들을 성별, 출생지, 직업 등과 같은 세부 정보들과 함께 손으로 하나하나 집계했어.

시간과 돈이 말도 못 하게 들었지. 1880년의 인구 조사는 8년이 지나도록 마무리가 되지 않을 정도였으니까 말이야.

홀러리스는 자료를 종잇장에 적는 대신 천공 카드에 표시했어. 예를 들면, 카드의 특정 위치에 있는 구멍은 어떤 사람이 농부라는 내용을 표시하는 식이었어. 다른 구멍들은 그가 아일랜드에서 태어났다거나 여성이라는 내용을 나타낼 수 있었어.

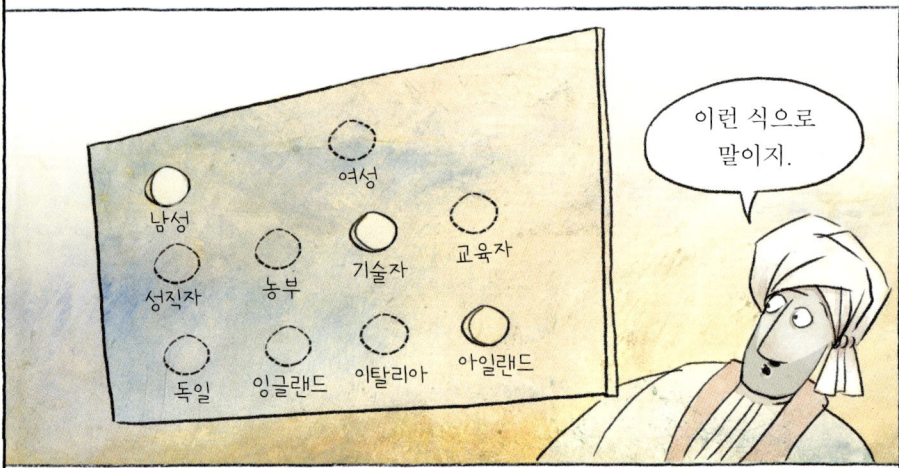

홀러리스는 구멍을 통해 전기 접촉이 발생하는 것을 인식하는 식으로 카드를 읽고 집계까지 해 주는 기계를 만들었어.

천공 카드에 구멍이 있을 때에만 핀이 통과해서 전기가 흘러.

홀러리스의 기계는 수작업으로 집계하는 것보다 빨랐고, 더욱 상세한 인구 조사를 가능하게 했어. 예를 들면, 1870년 이전에 태어난 이탈리아계 이민자들 가운데 광부로 일하는 사람이 얼마나 되는지 알고 싶다고 쳐. 홀러리스의 기계는 이런 계산을 번개같이 해내 엄청난 화제가 됐어.

얼마 뒤, 홀러리스의 회사는 다른 회사와 합쳐져 '컴퓨팅-태뷸레이팅-리코딩(계산-집계-기록)'이라는 회사가 되었어. 이 회사는 1924년에 그 촌스러운 이름을 버리고 IBM(International Business Machines)이라는 산뜻한 이름으로 바꾸었어.

1937년, 하버드 대학교의 하워드 에이킨은 고급 물리 연구에 필요한 따분한 계산의 늪에서 허덕이고 있었어.

그는 다른 방법이 있어야겠다고 생각했어.

에이킨의 고민을 들은 한 동료는 그에게 대학교 안에 있는 어느 건물 다락방을 가리켜 보였어.

그곳에서 에이킨은 모두가 잊고 있었던 모형 하나를 발견했는데…

그건 바로 배비지의 차분 기관이었어! 배비지가 죽은 뒤 만들어진 단 여섯 대 가운데 하나였지.

이들은 함께 하버드 '마크 I(Mark I)'을 개발했어. 부품은 75만 개가 쓰였고, 높이가 2m에, 무게는 4t이나 되는 괴물이었지. 마크 I은 스물세 자리 숫자의 곱셈을 1초 만에 해낼 수 있었어!

"이 육중한 기계가 굉음을 울려 대고 있었다."

컴퓨터 프로그래머 그레이스 호퍼

대단하기는 했지만 미래는 없었어.

이유는 이랬어. 마크 I은 무려 3천 개나 되는 바퀴와 축, 그리고 많은 스위치들을 썼어. 대체로 기계 스위치들의 집합체였지. 물리적으로 켜지고 꺼지는 스위치들 말이야. 온-오프 스위치는 이를테면 0과 1, 예와 아니오, 또는 참과 거짓을 표시할 수 있어. 미래의 컴퓨터는 이런 스위치들이 전기의 속도로 빠르게 켜지고 꺼져야 했어. 다시 말해, 전자식이 되어야 했지.

영국이 독일에 맞서 전쟁을 치르는 동안, 영국 과학자들은 적군의 암호 전문들을 해독할 전자식 계산기를 개발하고 있었어. 콜로서스라는 계산기였지. 콜로서스는 독일의 작전 계획을 밝혀내 영국과 연합국들의 승리에 기여했어.

한편, 2차 세계대전 중에 미국은 완전 전자식 계산기를 연구하고 있었어. 1943년, 펜실베이니아 대학교의 존 윌리엄 모클리와 존 애덤 프레스퍼 에커트는 에니악(ENIAC)이라는 계산기를 개발하기 시작했어. 에니악도 기계 스위치 대신 콜로서스처럼 진공관 스위치를 썼어.

전구처럼 생긴 게 어떻게 기계 스위치를 대신하냐고?

진공관으로 들어가는 전자들의 흐름을 조절하면 전류를 흐르게 하거나 차단할 수 있어. 이런 전기적인 스위치는 기계식 스위치보다 훨씬 더 빨라! 스위치가 더 빨리 작동할수록 계산기의 성능도 좋아지는 거야.

진공관 17,500개를 쓴 에니악은 에이킨의 마크 I보다 계산 속도가 1천 배나 빨랐어.

진공관의 성능은 놀라웠으나 열이 너무 많이 나는 게 문제였어. 그래서 계산기를 식혀 주어야만 했지. 안 그러면 내부의 부품들이 다 타 버리니까.

속도가 빠른 진공관 온-오프(on-off) 스위치는 에니악의 결정적인 부분이었어.

켜지고 꺼지는 스위치가 왜 중요한지 궁금하다고? 온(on)과 오프(off)는 이를테면 0과 1, 예와 아니오, 참과 거짓을 나타낼 수 있기 때문이야. '이진수'라고 할 수 있는 이런 두 가지 기초적인 선택들이 우리가 '컴퓨터'라는 말을 듣고 떠올리는 굉장한 작업들을 다 해낼 수 있게 하거든.

0   1
아니오   예
거짓   참

에니악이 없었다면 정확한 숫자표를 만들기 위한 복잡하고 시간이 많이 드는 계산은 주로 여성인 수많은 '인간 계산기'들이 했을 거야.

에니악에 명령 입력, 다시 말해 프로그래밍을 하려면 스파게티 가닥들처럼 얽힌 채 컴퓨터를 온통 뒤덮은 전선들을 다시 연결해야 했어. 수행할 작업에 따라 전선들을 이리 꽂았다 저리 꽂았다 했던 거야.

그러려면 미리 신중하게 계획을 세워야 했어. 에니악이 몇 초 만에 끝낼 계산인데, 그걸 프로그래밍하는 데에는 며칠이 걸릴 수도 있었어.

이 작업은 진 제닝스, 아델 골드스타인, 말린 웨스코프, 루스 릭터먼, 프랜시스 빌라스, 베티 스나이더(홀버턴), 케이 맥널티, 이렇게 일곱 명의 여성이 맡았어.

그래도 에니악은 1946년에 화려하게 등장했어. 기념식과 만찬까지 열면서 말이야.

그러나 여성들은 아무도 초대받지 못했어.

모클리와 에커트는 베티 홀버턴과 진 제닝스 같은 여성 계산원들을 프로젝트에 참여시켰어. 그리고 그레이스 호퍼까지 채용했어. 하버드 마크 I 프로그래밍에 참여했던 그 호퍼 말이야.

호퍼는 '버그(bug)'와 '디버깅(debugging)'이라는 말을 처음 쓴 사람으로 알려져 있어. 하버드 '마크 II'가 갑자기 먹통이 된 사건이 있었어. 그때 호퍼가 죽은 나방이 고장의 원인이라는 걸 알아냈어. 그 뒤로, 계산기가 갑자기 작동이 제대로 안 되는 것을 '버그(벌레)'가 있다고 하고, 이를 고치는 것을 '디버깅(벌레 잡기)'이라고 했다는 거야. 물론 100% 맞는 이야기는 아냐.

마크 II에서 나방이 발견되기 훨씬 이전에도 엔지니어들은 소소한 오류나 고장들을 '버그'라고 불렀어. 심지어는 토머스 에디슨도 이 말을 썼어.

새롭고 더 강력한 성능을 자랑하는 계산기들이 만들어졌어. 영국 과학자들은 완전한 전자식이면서 프로그램 내장 방식인 계산기를 만들었어. '프로그램 내장'은 계산기의 명령어가 계산기 안에 저장되었다는 뜻이야. 에니악 같은 종류의 컴퓨터에서 볼 수 있었던 어지러운 전선 가닥들이 사라진 거야.

트랜지스터는 진공관으로 할 수 있는 일들을 모두 다 할 수 있었어. 전류 신호의 크기를 키울 수 있었고, 스위치 역할도 할 수 있었어. 하지만 소비 전력은 훨씬 덜 들고 열도 거의 나지 않았지. 타지 않으니 고장도 거의 안 나고, 제작비도 헐값 수준이면서 크기도 아주아주 작았어!

트랜지스터는 모래에 흔히 들어 있는 규소(실리콘)를 비롯한 반도체 재료들로 만들어.

최초의 트랜지스터

너무 어려운 이야기 같다고?
그래, 좀 복잡하기는 해.

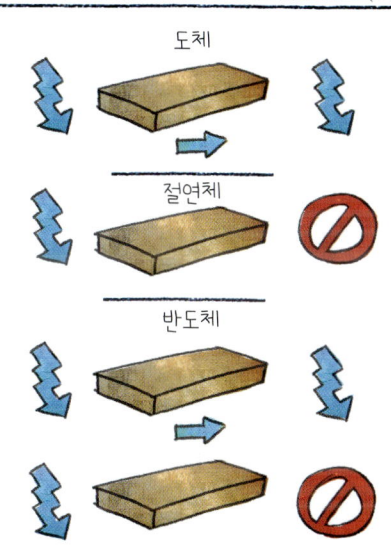

이를테면 구리처럼, 전기가 잘 통하는 물질을 도체라고 불러. 전기가 통하지 않는 유리나 플라스틱 같은 것들은 부도체 또는 절연체라고 해. 반도체의 '반'은 전기를 통하게도 안 통하게도 할 수 있다는 뜻이야. 트랜지스터의 규소는 약간의 전기를 따로 가해 주면 전기를 통하게 할 수 있어. 수도꼭지를 틀어 물을 흘리듯이 전자를 흐르게 하는 거야. 반도체의 '반'은 진공관의 스위치 기능과 비슷하지.

벨 연구소의 동료 과학자 윌리엄 쇼클리도 트랜지스터의 개발에 기여했어. 쇼클리는 브래튼, 바딘과 함께 그 공로로 노벨상을 받았어.

그러나 트랜지스터는 전선으로 연결해야 했고, 트랜지스터가 많아지면 더 많은 전선을 연결해야 했어. 그런데 이걸 다 손으로 작업해야 했어!

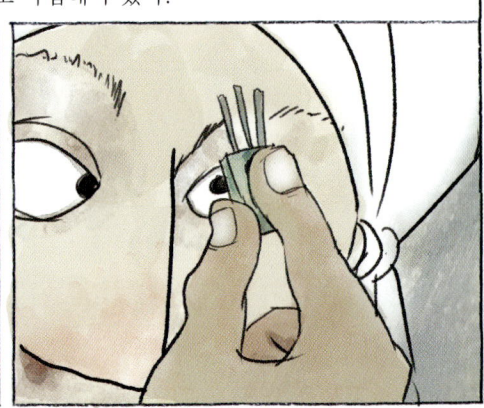

미래의 계산기들이 전선 뭉치에 파묻힐 것 같았어. 이것은 계산기를 설계하는 데 큰 걸림돌이었어. 이 문제가 해결되지 않는 한 고성능 컴퓨터는 나올 수가 없었지. 그러던 중 로버트 노이스에게 굉장한 아이디어가 떠올랐어.

로버트 노이스

1959년, 노이스는 실리콘(규소) 칩을 가공해 트랜지스터를 비롯한 컴퓨터 부품 몇 개를 얹었어. 여기에 쓴 작은 부품들은 실리콘 조각 위의 얇은 금속층을 통해 연결했기 때문에 복잡하게 얽힌 전선 다발이 필요 없었어. 여러 부품이 하나의 부품으로 합쳐진 거야. 이렇게 합치는 것을 '집적'이라고 하고, 그렇게 만들어진 것을 '집적 회로(IC, Integrated Circuit)'라고 해.

부품들 합치기

첨단 기술 업체들이 모여 있는 미국 캘리포니아주의 '실리콘 밸리'라고 들어 봤지? 이 이름은 바로 '실리콘(규소) 칩'에서 가져온 거야.

칩

집적 회로 아이디어를 생각한 것은 노이스가 처음이 아니었어. 홀로 따로 연구하던 과학자 잭 킬비가 몇 달 앞서 그 아이디어를 떠올렸어. 하지만 노이스의 아이디어가 좀 더 실용적이었고, 대량 생산도 가능했어. 컴퓨터의 발전을 가로막던 정글 같은 전선들을 없앤 사람은 노이스였지.

킬비 때문에 안타까워하지는 않아도 돼. 그 공로로 노벨상을 받았거든.

ALFR NOBEL

1960년, 최초의 집적 회로에는 열 개도 안 되는 트랜지스터만 들어 있었는데도 가격은 1천 달러나 됐어. 그러나 1970년 무렵에는 성능이 그보다 천 배나 좋은 집적 회로를 몇 푼 안 되는 가격에 살 수 있게 됐어.

계산기의 놀라운 성능에도 어떤 사람들은 그걸 어디다 써먹느냐며 문제를 제기했어. 하버드 마크 I을 개발했던 하워드 에이킨마저도 컴퓨터를 더 제작하는 것에 회의적이었어.

"계산기로 해결할 문제가 결코 많지 않을 테니 고성능 계산기 한두 대로 다 해결됩니다. 계산기를 더 제작하는 어리석은 일은 중단해야 합니다."

사람들은 계산기를 조작할 똑똑한 인재도 결코 충분치 않을 거라고 믿었어.

그러나 여기에 동의하지 않은 사람들이 있었어. IBM의 존 왓슨 주니어도 그중 한 사람이었지. 회사는 구식 집계 장비를 팔아서 큰 성공을 거뒀지만, 그는 경고했어.

"우리가 이 사업에 뛰어들지 않으면 다른 누군가가 가져갈 겁니다!"

1954년, IBM은 IBM 650을 판매하기 시작했어.

IBM 650은 대량 생산이 되면서 컴퓨터의 '모델 T' 같은 존재가 됐어. 모델 T는 자동차의 초창기에 돌풍을 일으킨, 요즘 말로 '국민차'야. IBM 650은 대학에서 많이 사 갔어. 이는 컴퓨터 프로그래머 세대들에게 큰 영감을 불어넣었지.

초창기의 계산기들이 프로그램과 자료를 입력하는 데 썼던 것은 바로… 천공 카드였어! 저장할 자료라든가 수행할 작업을 카드에 구멍을 뚫어 표시했어. 계산기로 작업을 수행하려면 천공 카드 더미를 계산기에 넣었고, 계산기는 구멍으로 불빛이 통과하는 것을 인식해 카드를 읽었어. 카드의 구멍 하나가 잘못되면 큰일 나는 거지. 그랬다간 프로그램 전체가 망하거든! 1956년에는 계산기에 연결하는 자판이 등장해 사용자와 계산기가 직접 소통하는 것이 가능해졌어.

1960년 무렵까지 과학계와 정부, 그리고 기업에서 1만 대에 이르는 계산기가 쓰이게 됐어.

1968년, 더글러스 엥겔바트라는 발명가가 샌프란시스코의 어느 학술 대회에 모인 청중 1천 명 앞에서 발표했어.

엥겔바트는 자신의 아이디어에 청중의 반응을 기대했어.

"재미있어해야 할 텐데."

사실, 그는 몇 가지 굉장한 아이디어들을 발표하려는 거였어. 이날 엥겔바트는 멀리 떨어져 있는 계산기와 사람이 상호 작용을 하는 것과, 계산기의 화면상에서 다른 정보와 연결된 항목을 선택하는 시범을 보였어. 그리고 그림과 소리가 상호 작용의 일부가 될 수 있다는 것도 보여 주었어.

엥겔바트는 나무로 된 작은 장치 하나를 손에 들고 계산기 화면의 화살표를 움직였어. 이 장치를 계산기와 연결하는 전선이 쥐 꼬리 같다고 해서 엥겔바트와 동료들은 이 장치를 '마우스'라고 불렀어.

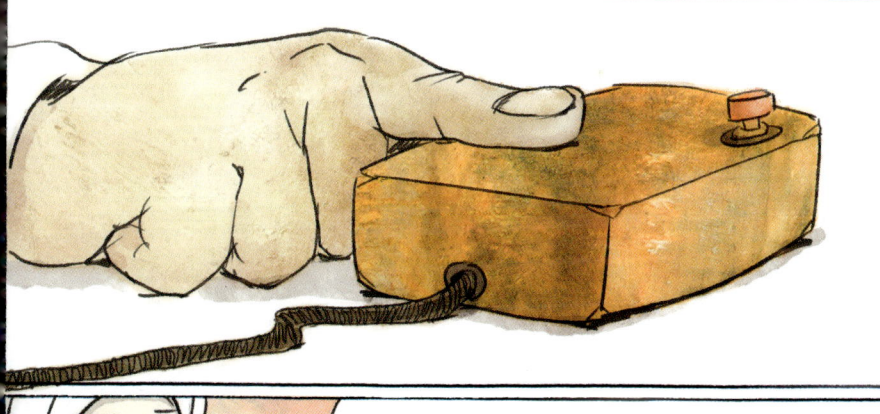

엥겔바트의 발표 장면은 30년 후에 다가올 미래의 모습이었어. 그래서 훗날 이때의 시연을 '모든 시연의 어머니'라고 불렀지.

계산기의 미래는 장밋빛으로 보였지만… 문제가 있었어. 프로그램을 작성하는 동안 계산기가 놀고 있기 일쑤였어. 프로그램은 기계 장치인 하드웨어와 구분하기 위해 '소프트웨어'라고 불렀어.

컴퓨터의 가장 기본적인 언어는 '기계어'야. 기계어는 계산기의 스위치들이 이해할 수 있는 숫자 0과 1만으로 이루어졌어.

"기계어로 프로그램을 작성하는 것은 어마어마하고도 지루한 작업이야."

그러던 중, 과학자들은 사람이 쓰는 말에 가까운 명령을 기계어로 해석시켜서 쓰는 아이디어를 생각해 냈어. 그레이스 호퍼는 '에이-제로(A-0)'라는 번역기를 만들었어. 영어 단어 형태의 명령을 기계어의 숫자 형태로 바꿔 주는 프로그램이었지.

"그저 무슨 일을 할 것인지를 단계별로 알려 주기만 하면 되죠."

그리고 1950년대부터는 포트란, 코볼, 베이식 같은 프로그래밍 언어들이 등장했어.

1975년 무렵에는 기업, 고등 교육 기관, 그리고 정부 기관에서 계산기를 모르는 사람이 없었어….

… 그러나 많은 사람은 자기만의 계산기, 즉 개인용 컴퓨터를 갖게 될 가능성에 열광했어.

사업가 에드워드 로버츠는 여기에서 아이디어를 얻었어.

"모든 사람에게 컴퓨터를 주면 어떻겠습니까?"

그는 원래 장난감 로켓 조립 키트와 탁상용 계산기 조립 키트를 팔던 사람이었는데, 컴퓨터 조립 키트를 팔겠다고 결심한 거야.

솔직히 로버츠의 알테어 컴퓨터는 대단할 게 없었어. 모니터 없이 그저 불빛들만 깜빡거렸고, 프로그램이나 자료를 입력하는 자판 대신 몇 줄의 스위치만 있었지. 크기는 대략 신발 상자만 했고… 로버츠는 이걸 200대를 팔겠다는 목표를 세웠어.

알테어 판매가 시작되자 로버츠는 밀려드는 주문에 정신을 차릴 수 없었고… 첫 달에만 5천 대가 팔렸어!

캘리포니아주 멘로파크 지역을 중심으로 새로 만들어진 홈브루 컴퓨터 클럽의 회원들을 비롯해 동호인들은 열광했어.

샌프란시스코
멘로파크
팰로앨토

한 회원은 알테어를 프로그래밍해서 비틀스의 노래를 재생했어. 130년도 더 전에 에이다 러블레이스가 했던 예언이 실현된 거야.

매사추세츠주 케임브리지에서 두 청년이 알테어 소식을 듣고… 충격에 빠졌어.

"우리 없이 이럴 수는 없다고!"

개인용 컴퓨터의 시대가 온다는 말이었어. 개인용 컴퓨터의 미래를 굳게 믿고 있던 두 사람은 자신들이 개인용 컴퓨터 혁명의 주역이 되지 못할까 봐 걱정했어.

스물한 살의 폴 앨런과 열아홉 살의 빌 게이츠는 어릴 적부터 친구였어.

"우리는 틈만 나면 이런저런 컴퓨터를 구해서 가지고 놀았지."

프로그래머인 두 사람은 컴퓨터를 스스로 배웠는데, 이미 십 대 시절부터 자기 학교는 물론이고 지역의 기업과 정부 기관에서 프로그래밍을 가르칠 정도의 실력을 갖추었어. 빌 게이츠는 고등학교 마지막 학년 때 대부분의 시간을 교실 대신 근처의 전력 회사에서 프로그래밍을 하면서 보냈어.

게이츠와 앨런은 끼니마저 거르면서 프로그래밍에 매달렸어. 게이츠는 '탱'이라는 오렌지맛 음료 가루를 손에 쥐고 핥아 먹으며 버티고는 했어.

"언제 봐도 손바닥이 노랗더라니까…."

고등학교를 졸업한 뒤, 게이츠는 하버드 대학교에 입학했어.

앨런은 허니웰이라는 기술 업체에 취직했지.

그러나 알테어 컴퓨터를 알게 된 두 사람은 8주 동안 함께 알테어용 프로그램을 짰어. 프로그램을 로버츠에게 보인 뒤, 앨런은 알테어의 소프트웨어 책임자가 됐어. 게이츠는 하버드에 잠시 다녔지만 곧 알테어에 입사했어. 게이츠는 학교로 다시 돌아가지 않았어.

"야, 우리 진짜로 성공하면… 직원이 서른다섯 명이나 될 정도로 큰 회사를 운영할 수도 있다고."

자신들의 밝은 미래를 예감한 두 사람은 회사를 차렸어. 두 사람이 함께 차린 회사는 바로 마이크로소프트!

알테어 컴퓨터는 게이츠와 앨런만 흥분시킨 게 아니었어. 전자 기기 제작의 능력자이면서 수줍은 성격의 스티브 워즈(워즈니악의 애칭)도 알테어에 흥분했어.

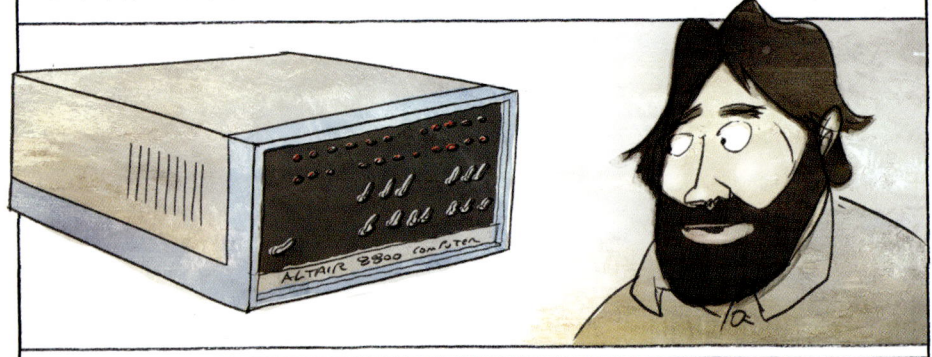

워즈는 어렸을 때부터 크리스털 라디오*와 인터폰, 단파** 라디오 같은 것들을 만들었어.

*진공관과 트랜지스터를 쓰지 않은 원시적인 형태의 라디오 — 옮긴이.

**먼 거리까지 잘 전달되는 성질을 이용해 국제 방송 등에 쓰이는 3~30MHz의 전파 — 옮긴이.

그는 알테어가 발표된 그날 밤에 홈브루 클럽의 모임에 참석했어.

"내 인생에서 가장 중요한 밤이 됐지 뭐야."

워즈는 전자식 컴퓨터의 가능성을 보았어. 사실 그는 스무 살 때 이미 컴퓨터를 직접 만들었어.

키보드도 없고 화면도 없이 천공 카드 명령어로 동작하게 되어 있는 이 컴퓨터는 알테어보다 별로 나을 게 없었어. 그래도 이 기계 덕분에 그는 자신처럼 전자 공학에 관심이 있는 동네 십 대 소년을 만나게 됐어.

"비쩍 곯았지만, 뚝심이 있고 에너지가 철철 넘치는 친구였지."

스티브 잡스

잡스는 대학에 들어갔다가 곧 중퇴했어. 그러나 학교를 완전히 떠나지는 않고 남아서 관심 분야의 강의를 들었어.

"이걸 배우기 위해 손글씨 수업을 듣기로 했지."

"아름답고, 역사적이고, 과학으로는 포착할 수 없는 미적인 섬세함을 가진 것에 끌렸어."

이것은 그의 인생에 당장 쓸모는 없었어. 그러나 10년 뒤에 컴퓨터를 설계하다가…

"그게 갑자기 다시 떠올랐지."

… 그는 손글씨 수업에서 배웠던, 조화와 대칭 같은 디자인의 원칙들을 적용해서 근사한 기계들을 내놓았어.

잡스는 비디오 게임 회사에서도 일했고, 인도를 여행하기도 했어.

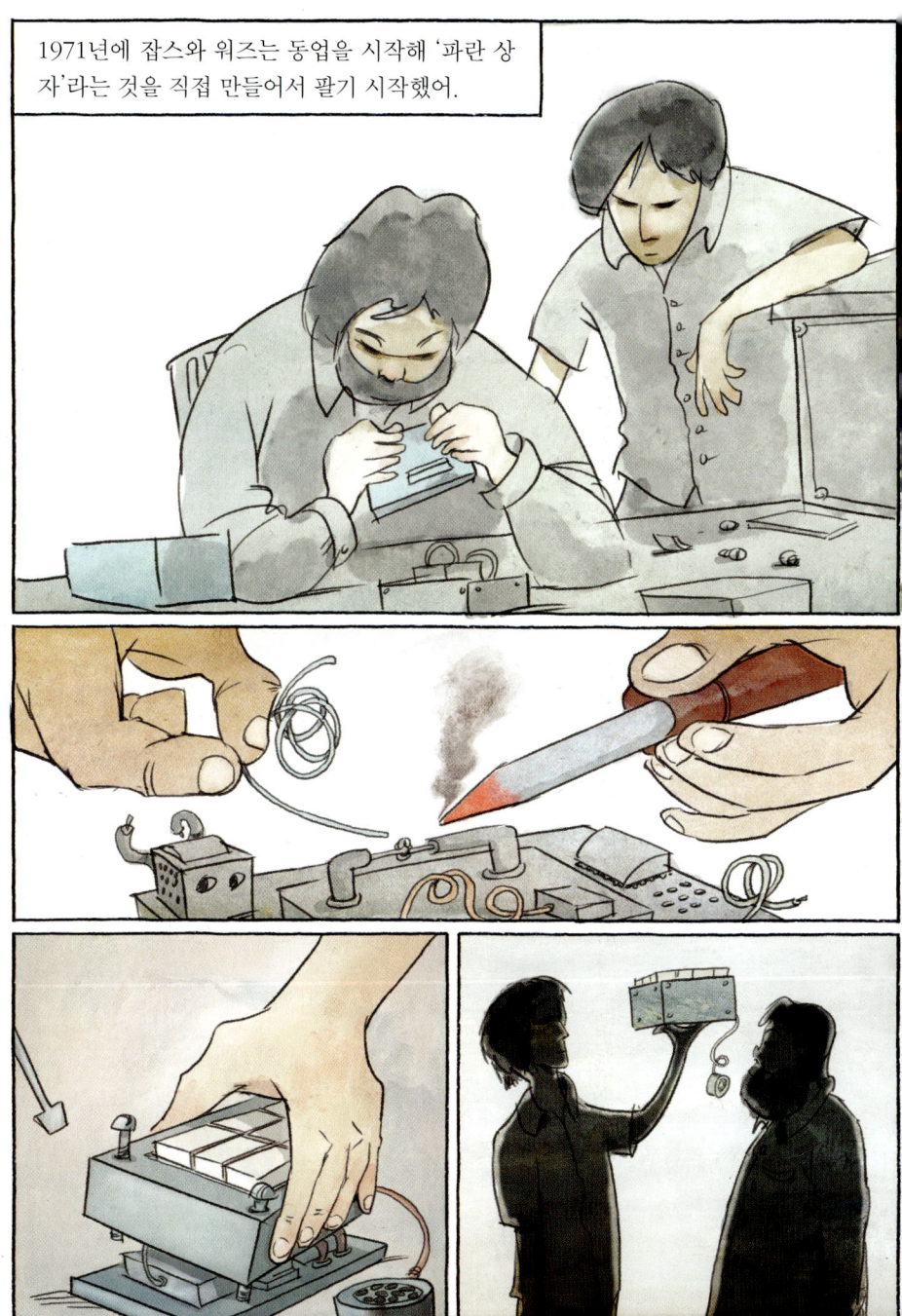
1971년에 잡스와 워즈는 동업을 시작해 '파란 상자'라는 것을 직접 만들어서 팔기 시작했어.

파란 상자는 전화를 공짜로 쓸 수 있게 하는 전자 장치였어(아직 휴대전화가 없던 시절이라고!).

이 장치는 기발했고, 사람들의 반응도 좋았으나… 불법인 게 문제였어! 잡스와 워즈는 감옥에 갈 수도 있었어. 그래도…

"내 기술과 그의 아이디어라면 무엇이든 해낼 수 있다는 자신감을 얻었지."

1976년, 두 사람은 함께 1300달러를 모아 애플 I을 만들기 시작했어. 잡스 집 차고가 그들의 공장이었어.

애플 I은 전혀 최신 컴퓨터 같아 보이지 않았어. 컴퓨터라기보다는 나무판자를 전자 회로로 덮은 모양새였지.

그러나 컴퓨터 동호인들의 호응으로 거의 200대가 팔렸어. 그때 잡스는 다른 종류의 개인용 컴퓨터를 구상하고 있었어. 엄청난 아이디어였어.

"구성을 다 갖춘 최초의 컴퓨터를 개발하는 것이 목표였지. 더 이상 소수의 동호인을 목표로 하지 않았어…. 사서 바로 쓸 수 있는 컴퓨터를 원하는 사람이 천 배는 더 많았거든."

그렇게 애플 II가 나왔고, 잡스가 옳았다는 것을 입증했어. 모두가 애플 컴퓨터를 원했고, 그 덕에 회사는 미국에서 가장 빠르게 성장하는 회사 가운데 하나가 되었어.

개인용 컴퓨터에 관심이 커지는 분위기를 IBM도 놓치지 않았어. 이미 1971년 무렵에 직원이 27만 명이나 되고 기업 가치도 수십억 달러에 이르는 거대 기업이던 IBM이 1981년에 개인용 컴퓨터인 IBM PC를 발표했어.

물론, 이 컴퓨터는 이를 동작시키고 관리할 소프트웨어, 즉 운영 체제가 필요했어. IBM이 찾아간 곳은… 빌 게이츠와 마이크로소프트. 마이크로소프트는 약간의 로열티를 받고 운영 체제를 공급했어. 운영 체제를 설치한 컴퓨터가 팔린 대수에 비례해서 돈을 받기로 한 거야.

IBM PC와 이를 본뜬 다른 회사의 호환 제품들은 가장 인기가 많고 영향력 있는 개인용 컴퓨터가 됐어.

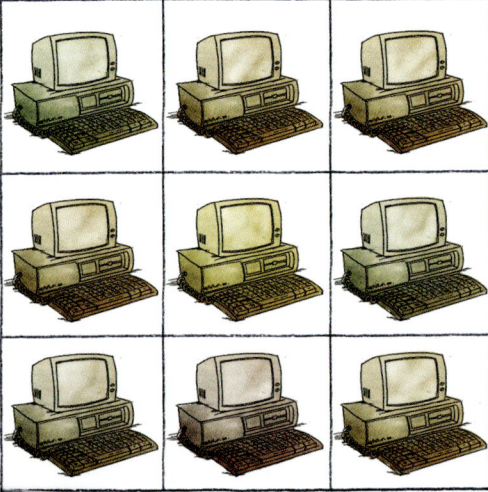

마이크로소프트는 직원이 수만 명인 업체로 성장했지.

그리고 마이크로소프트가 개인용 컴퓨터의 소프트웨어를 공급해서 벌어들인 돈 덕분에 빌 게이츠는 세계 최고 부자로 올라섰어.

얼마 뒤 앨런은 마이크로소프트를 떠났고, 워즈도 다른 길을 찾기 위해 애플을 떠났어.

스티브 잡스는 기술 선구자 같은 모습으로 매킨토시 컴퓨터, 아이팟, 아이패드, 아이폰 등을 속속 내놓았어. 그는 애니메이션 업체인 픽사를 키우는 데에도 능력을 발휘했어.

개인용 컴퓨터가 더 널리 퍼지면서 트랜지스터는 나날이 작아져 갔어.

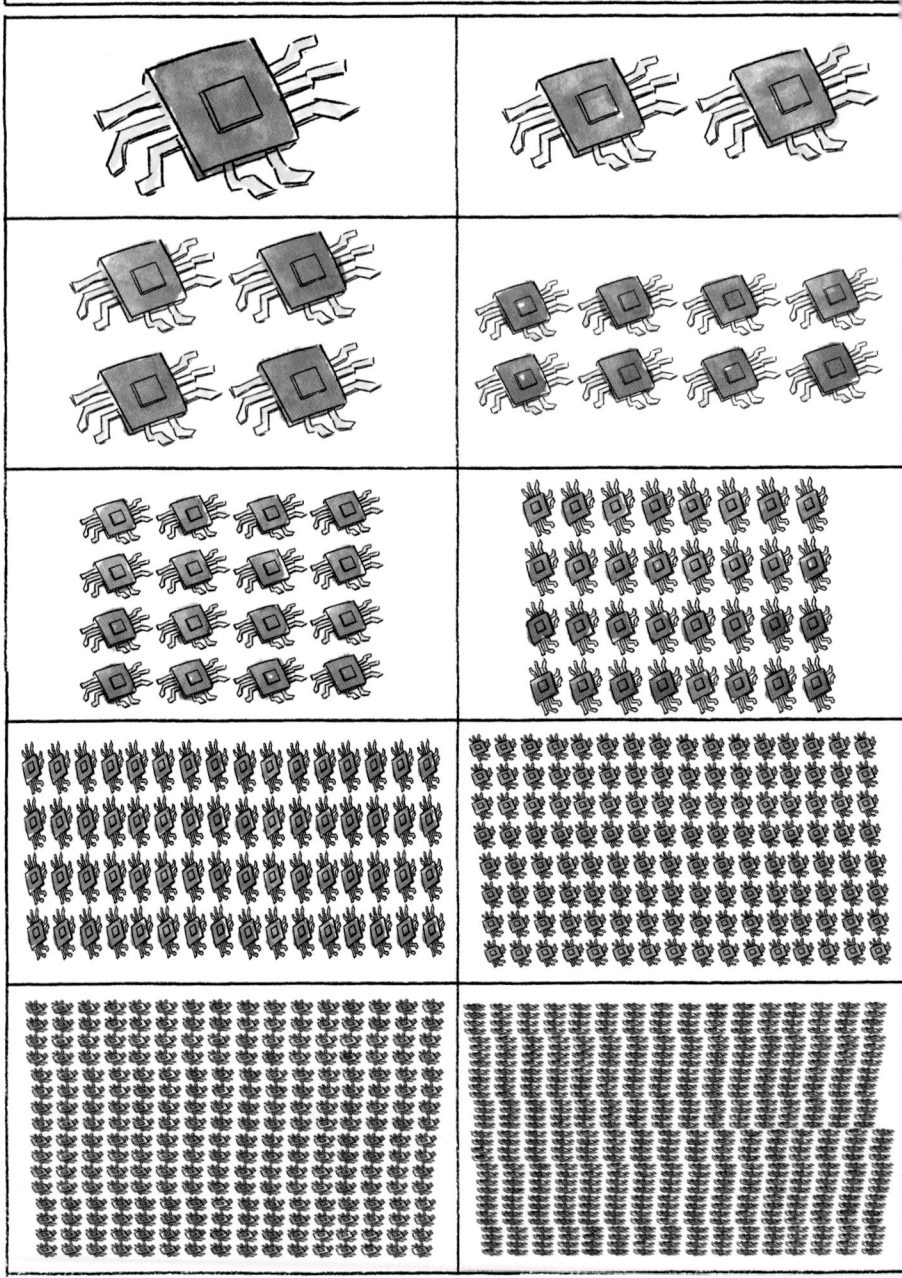

지난 40년에 걸쳐, 실리콘 칩 하나에 들어가는 트랜지스터의 수는 18개월마다 두 배로 늘었어. 오늘날, 트랜지스터 한 개는 지름이 14나노미터 정도야. 원자 70개만큼이란 이야기지.

우와! 트랜지스터의 폭이 겨우 원자 70개만큼이냐고 여러분은 이 알콰리즈미님에게 묻겠지? 정말로 원자요? 그 작디작은 원자요?

"그래, 원자라고, 원자."

갈수록 작아지는 트랜지스터 덕분에 엔지니어들은 멋진 물건들을 만들 수 있었어. 가방이나 주머니에 쏙 들어가는 스마트폰 같은 것 말이야. 스마트폰은 전화기이기도 하지만 진짜로 컴퓨터야. 스마트폰은 닐 암스트롱과 버즈 올드린이 달 표면에 착륙할 수 있게 했던 컴퓨터보다 뛰어난 성능을 가지고 있어.

그리고 쌀 한 톨만 한 마이크로칩을 피부에 심으면…

컴퓨터나 컴퓨터로 제어되는 장치에 자동으로 연결할 수 있지.

손짓 한 번이면 자동판매기로 먹을 것을 살 수도 있고…

문도 열 수 있고…

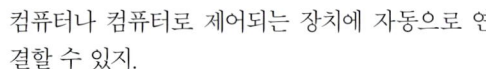
번거롭게 승차권을 챙기지 않고도 기차를 탈 수 있지.

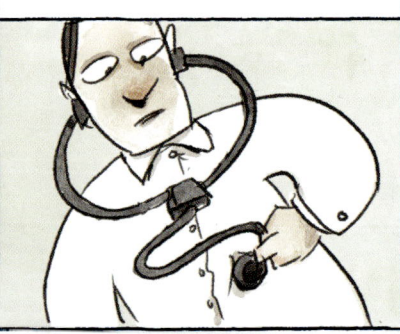
칩이 몸의 건강 상태도 관리하면서, 체온이 오르거나 심장에 문제가 있으면 경고해 주기도 해.

'알콰리즈미 님, 그게 가까운 미래에 되는 거예요'라고 묻고 싶지? 아니, 스웨덴에서는 이미 수천 명이 마이크로칩을 심었어. 손에 칩을 심으면, 음… 편해. 주사기로 엄지손가락 끝에 심기만 하면 돼.

지피에스(GPS)를 이용한 위치 추적 시스템과 함께 쓰면 실종된 사람을 찾는 데도 도움이 돼.

물론, 여러분이 방에서 숙제는 안 하고 밤새 텔레비전만 보았다는 것도 이 칩 때문에 들통날 거야.

굉장한 아이디어는 계속 나오고 있어.
로봇이 자동차를 조립하는 건
어떻게 생각해?

조지 데볼은 머릿속에서 항상 발명을 하는 사람처럼 보였어.

데볼은 핫도그를 구워서 판매하는 기계를 발명했어.

스피디 위니

그러나 데볼은 산업용 로봇인 유니메이트로 더 유명해. 이 기계 팔 로봇은 지루하고 위험한 작업을 반복해야 하는 곳에서 쓸 수 있게 만들어졌어. 프로그래밍을 통해 명령어를 최대 200개까지 기억할 수 있었어.

유니메이트는 1959년에 미국 뉴저지주의 한 자동차 공장에 처음 설치돼 금속 부품들을 옮기고 쌓는 일을 했어.

로봇 공학!

스스로 알아서 작동하면서 사람이 하는 일을 해낼 수 있는 기계들을 제작하는 것을 로봇 공학이라고 해. '로봇 공학'이라는 말은 공상 과학 소설가 아이작 아시모프가 처음 만들어 냈어.

아시모프는 로봇 공학의 세 가지 원칙을 내놓았어.

1. 로봇은 인간을 다치게 해서는 안 되고 다치게 두어서도 안 된다.
2. 위의 원칙 1에 위배되지 않는 한, 로봇은 인간의 명령에 복종해야 한다.
3. 위의 원칙 1과 원칙 2에 위배되지 않는 한, 로봇은 자기를 스스로 지켜야 한다.

오늘날 전 세계에서 약 300만 대의 로봇이 일하고 있어. 7년 만에 두 배로 늘어났어. 로봇은 점점 더 작고 가벼워지고 있고, 더욱 정교한 작업을 수행할 수 있게 되었어.

로봇 진공청소기

1960년대에 스탠퍼드 대학의 한스 모라벡은 달 표면을 탐사하기 위한 원격 조종 카트를 연구했어.

1979년 무렵, 유모차처럼 생긴 이 카트는 카메라를 '눈'으로 삼아 장애물을 피하면서 방 안을 이동하는 데 성공했어.

카트가 1m를 달리려면 자체 컴퓨터로 주변 물체를 인식하는 데에 10~15분이나 걸렸어.

한번은, 본격 시험을 앞두고 주차장에 잠시 세워 둔 카트가 주차장을 탈출해서 근처 도로에서 자동차들 사이를 달렸어.

과학자들은 카트를 되찾아 오기 위해 자전거를 타고 추격전에 나서야 했지.

카트에 두뇌가 있었다고 할 만도 해

"알콰리즈미 님, 컴퓨터가 생각을 할 수 있냐고?"

우리 친구 에이다 러블레이스는 그렇게 생각하지 않았어. 컴퓨터는…

"스스로가 알아서 무언가를 하지는 않아요. 뭐든 사람이 명령하는 것만 할 수 있거든요…. 참과 거짓을… 예측하는 능력은 전혀 없다고요."

1950년, 영국의 콜로서스 컴퓨터를 개발했던 과학자 가운데 하나인 앨런 튜링은 이를 "러블레이스 여사의 반대"라고 불렀어. 튜링은 에이다의 말에 동의하지 않는 듯했어.

컴퓨터가 초기의 계산 결과에 따라서는 계산 과정을 변경할 수도 있다고 해서—즉, 행동을 바꿀 수 있다고 해서—컴퓨터가 "배웠다"라고 말할 수 있을까?

체스나 바둑을 둘 수 있는 고성능 컴퓨터들은 성공한 수와 실패한 수를 추적하도록 프로그래밍이 되었어. 많은 대국, 수백만이 넘을 수도 있는 정말이지 많은 대국을 하면서 컴퓨터는 인간 최고수를 이길 수 있는 성공적인 수들을 모아서 저장해.

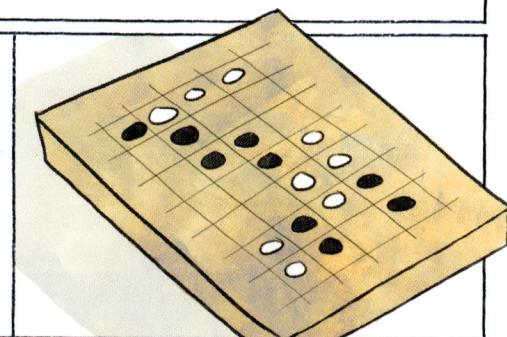

여기에 대해서 튜링은 말했어.

"기계가 지능을 보인다고 해야 할 듯하다."

그리고 이렇게 썼어.

"'기계는 생각할 수 있는가'라는 문제를 검토할 것을 제안한다."

그 즉시 튜링은 '생각'이란 무엇인가 하는 문제에 부딪혔어. 덧셈을 하는 것은 할머니 집에 가는 가장 좋은 길을 찾는 것과 마찬가지로 '생각'이야. 그러나 어떤 괴물이 실제로 존재하는지 판단하기, 좋은 배우자 고르기, 그래픽 노블의 글과 그림 창작하기 등과 같은 것도 생각이 될 수 있어.

'생각하기'의 개념이 워낙 폭넓기에 튜링은 "기계가 생각을 할 수 있을까?"라는 질문에 결국 이렇게 생각했지.

"논의가 무의미할 지경이다."

그 대신에 그는 이렇게 제안했어….

"질문은 '기계가 생각을 할 수 있을까?'가 아니라 '흉내 내기 게임을 잘 해낼 디지털 컴퓨터가 가능할까?'로 바뀌어야 한다."

그런데 흉내 내기 게임이란 대체 뭘까?

이건 컴퓨터 A와 인간 B, 질문자 C가 하는 게임이야. 질문자 C는 A나 B와는 다른 방에 있어. C는 A와 B에게 질문을 던져. 답변은 A와 B의 정체가 드러나지 않게 쪽지나 그 밖의 수단으로 전달돼.

이 게임의 목표는 어느 쪽이 인간이고 어느 쪽이 컴퓨터인지를 질문자가 알아내는 거야.

2000년까지 튜링의 예측은 적중하지 않았어. 오늘날에도 우리가 컴퓨터를 사람으로 착각할 가능성은 별로 없어.

1949년에 튜링은 이렇게 예언했어. "인간의 지능으로 감당할 수 있는 분야에 컴퓨터가 진출해 결국 인간과 동등한 조건으로 경쟁하지 못할 이유가 없어 보인다." 강력한 컴퓨터들은 이제 거의 인간 같은 능력을 발휘하는 인공 지능 소프트웨어로 프로그래밍되고 있어.

사무 노동자들과 장비 기사들이 이런 컴퓨터에 의지하고 있어. 컴퓨터가 없으면 기업, 정부 기관, 공기업 들이 다 멈추게 되고 말 거야.

수돗물이 안 나오고,

전등도 안 켜지고

우리들 집은 겨울에는 얼어 죽을 만큼 춥고,

여름에는 쪄 죽을 만큼 더울 거야.

컴퓨터는 무지개보다도 백만 가지 이상 많은 색깔을 HDTV(고화질 텔레비전) 화면에 뿌려.

비디오 게임은 컴퓨터 없이는 불가능하지.

스마트폰과 가정용 기기들은 우리가 온갖 지시를 내리면 충실하게 말을 들어주고!

"피자 한 판 시켜 줘. 음악 틀어 줘. 팀북투*에 가는 방법은? 기차표 한 장 예매해 줘. 오늘의 날씨 좀 알려 줘!"

네, 알겠습니다!

*말리 중부에 있는 도시—옮긴이.

우리가 상상도 하지 못했던 것들이야.

내가 들려주는 컴퓨터 이야기는 여기까지야.
지금까지는 내가 질문에 답했지만, 이제는 내가 하나 물어볼게.
미래에는 아주 똑똑한 컴퓨터들이 온 세상에 가득할 텐데,
그 컴퓨터들은 우리 대신 생각도 다 해 줄까?

2진법

컴퓨터에서 0과 1이 중요하다고 했지? 0과 1만으로 어떻게 어떤 수라도 다 나타낼 수 있는 걸까? 그 전에 먼저 0부터 9까지의 숫자로는 어떻게 나타내는지 한번 볼까? 이건 십진법이라고 하는데, 우리에게 가장 익숙한 방식이지.

"우리가 십진법에 익숙한 것은 아마 손가락이 열 개라서 그럴 거야. 옛날 사람들이 손가락으로 숫자를 세던 모습이 쉽게 떠오르지?"

십진법에서는 자리마다 숫자를 배치하고, 왼쪽 옆 자리로 갈 때마다 열 배씩으로 커져. 자리마다 나타내는 값:

| 1000 | 100 | 10 | 1 |

4302라는 숫자를 쓴다고 해 봐. 이건 1000이 네 개, 100이 세 개, 10이 없고, 1이 2개로 되어 있지. 즉, '4×1000+3×100+0×10+2×1' 이렇게 쓸 수 있어.

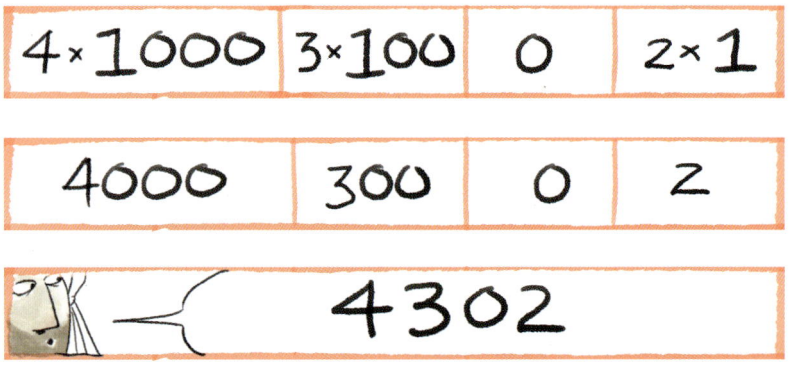

그런데 이진법에서는 왼쪽 자리로 한 칸을 갈 때마다 값이 두 배로 커져. 이런 식으로 말이지.

| 256 | 128 | 64 | 32 | 16 | 8 | 4 | 2 | 1 |

"그리고 하나의 자리에는 1이나 0밖에 없어."

그래서 362는 이진법에서는 이런 식으로 분석할 수 있어. '1×(256)+0×(128)+1×(64)+1×(32)+0×(16)+1×(8)+0×(4)+1×(2)+0×(1)' 이 값들을 합하면 362가 되지.

| 256 | 128 | 64 | 32 | 16 | 8 | 4 | 2 | 1 |

| 256 | | 64 | 32 | | 8 | | 2 | |
| 1 | 0 | 1 | 1 | 0 | 1 | 0 | 1 | 0 |

십진수 362를 이진수로 표현하면 101101010이 되는 거지.

0이나 1이 들어가는 자리 하나하나를 '비트(bit)'라고 불러.

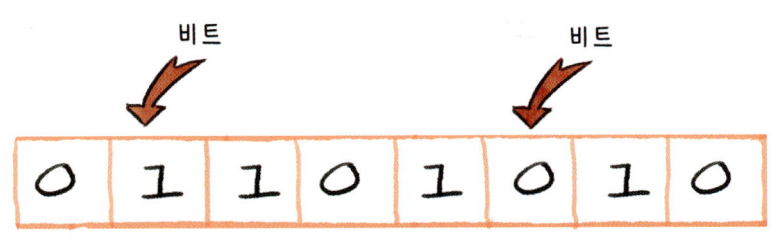

그래서 예를 들면, 8비트 컴퓨터는 한 번에 숫자를 255까지 표시할 수 있는 컴퓨터야. 8개의 비트 자리들을 다 합쳐서 그런 거야. 1+2+4+8+16+32+64+128=255

8개의 비트가 모인 것을 바이트(Byte)라고 해. 여기서 한 가지! 컴퓨터는 숫자를 0부터 세기 때문에 첫 번째 숫자는 0, 두 번째 숫자는 1, 세 번째 숫자는 2, 이런 식이 돼. 1바이트는 0에서 255까지 모두 256개의 값을 저장할 수 있으니, 1바이트는 256과 같지. 좀 헷갈릴 수도 있어.

오늘날의 컴퓨터들은 훨씬 더 큰 수를 한 번에 나타낼 수 있어. 32비트 컴퓨터는 최대 4,294,967,295까지 나타낼 수 있어.

아, 100% 맞는 이야기는 아니야. 컴퓨터가 음수를 다룰 수 있다는 것도 중요해. 절반은 양수에, 절반은 음수에 할당하지. 그러니 32비트 컴퓨터는 대략 20억 개의 양수와 20억 개의 음수를 표시할 수 있다고 보면 돼.

이걸 보면 정신이 하나도 없겠지만⋯ 64비트 컴퓨터는 9,223,373,036,854,775,807도 표시할 수 있어.

컴퓨터가 처리할 0과 1은 정말 많아. 그러나 컴퓨터의 트랜지스터들이 워낙 빨라서 우리가 못 느끼는 거야. 무슨 뜻일까? 스마트폰의 사진들을 생각해 봐. 비트로 색깔을 표시할 수 있다면 8비트 전화로는 256가지 색, 32비트 전화로는 200만 개가 넘는 색을 표시할 수 있어. 그래서 사진 화질이 어마어마하게 차이 나는 거야! 32비트 비디오 게임보다 64비트 비디오 게임의 화면이 왜 그렇게 생생한지도 이해가 될 거야.

계산기와 컴퓨터의 간략한 역사

이 책은 메인프레임 컴퓨터와 개인용 컴퓨터의 역사를 소프트웨어의 역사와 함께 간단히 소개하는 책입니다. 컴퓨터는 기계와 전기 장치, 그리고 수학에 의존합니다. 고대로부터 계산 도구 가운데 적지 않은 것들이 아랍과 아시아 국가에서 기원했고, 수학 역시도 그 지역에서 먼저 발달했습니다. 다만, 여기에서의 초점은 덧셈, 뺄셈, 곱셈, 나눗셈 등 계산 작업을 수행한 장치들에 있습니다. 컴퓨터의 역사는 숫자를 이용해 단순히 합산하는 것을 넘어 온갖 경이로운 일들을 해내는 이야기입니다. 그 점을 염두에 두고 다음 연표를 구성했습니다.

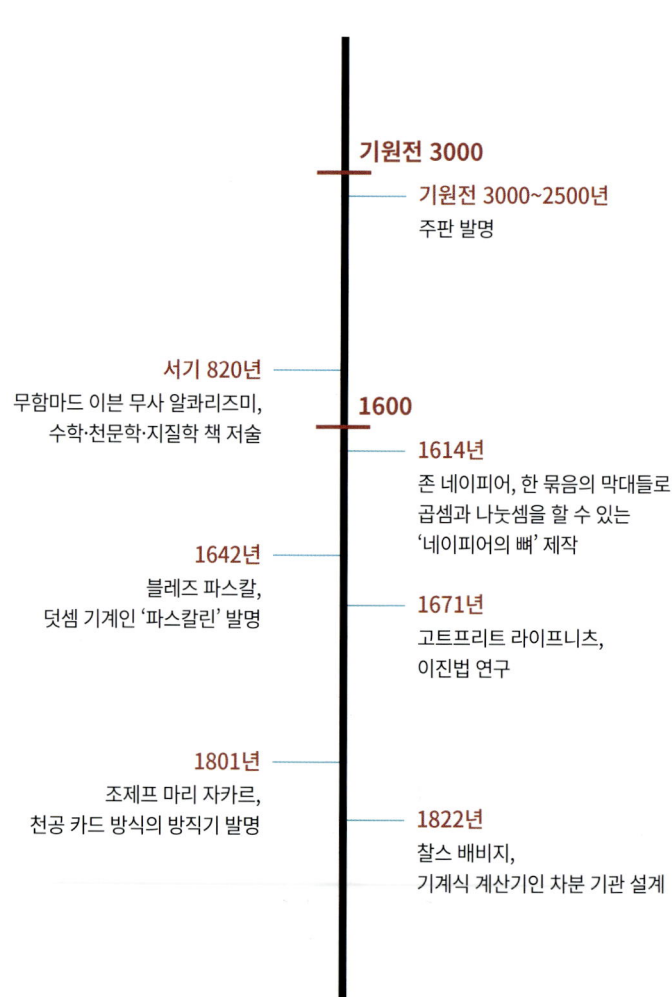

기원전 3000
기원전 3000~2500년
주판 발명

서기 820년
무함마드 이븐 무사 알콰리즈미,
수학·천문학·지질학 책 저술

1600
1614년
존 네이피어, 한 묶음의 막대들로
곱셈과 나눗셈을 할 수 있는
'네이피어의 뼈' 제작

1642년
블레즈 파스칼,
덧셈 기계인 '파스칼린' 발명

1671년
고트프리트 라이프니츠,
이진법 연구

1801년
조제프 마리 자카르,
천공 카드 방식의 방직기 발명

1822년
찰스 배비지,
기계식 계산기인 차분 기관 설계

1830

1833년
찰스 배비지, 해석 기관 연구 시작

1843년
컴퓨터 운영과 프로그래밍의 미래를 예언한, 에이다 러블레이스의 「주석」 발표

1848년
조지 불, '불 대수학' 창안

1890년
허먼 홀러리스, 분류 집계기 발명

1896년
허먼 홀러리스, 태뷸레이팅 머신 회사 창업

1906년
리 디포리스트, 진공관 발명

1911년
IBM 탄생

1915

1930

1937년
앨런 튜링, 이론적 계산기인 튜링 기계 연구

1938년
콘라트 추제, 천공 카드 방식의 이진 디지털 계산기 완성

1943년
해석 기관에 대한 에이다 러블레이스의 「주석」 간행

나치 독일이 암호 생성기인 '에니그마'를 군사 작전에 사용

1944년
하워드 에이킨, 하버드 대학교의 컴퓨터 '마크 Ⅰ' 설계

나치의 에니그마 암호를 해독하기 위해 영국이 콜로서스 컴퓨터 제작

그레이스 호퍼, 컴퓨터 분야에서 선구적 활동을 시작하면서 '마크 Ⅰ' 개발에 기여

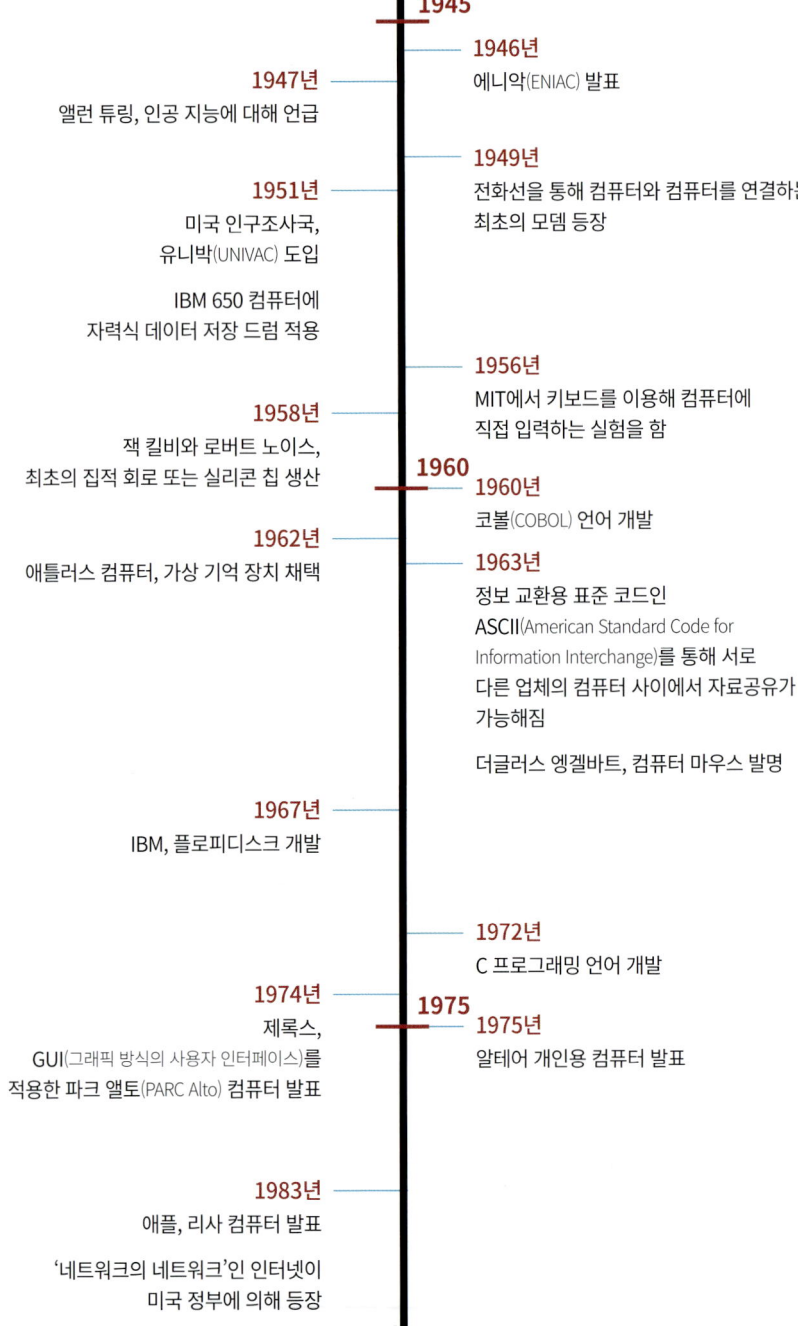

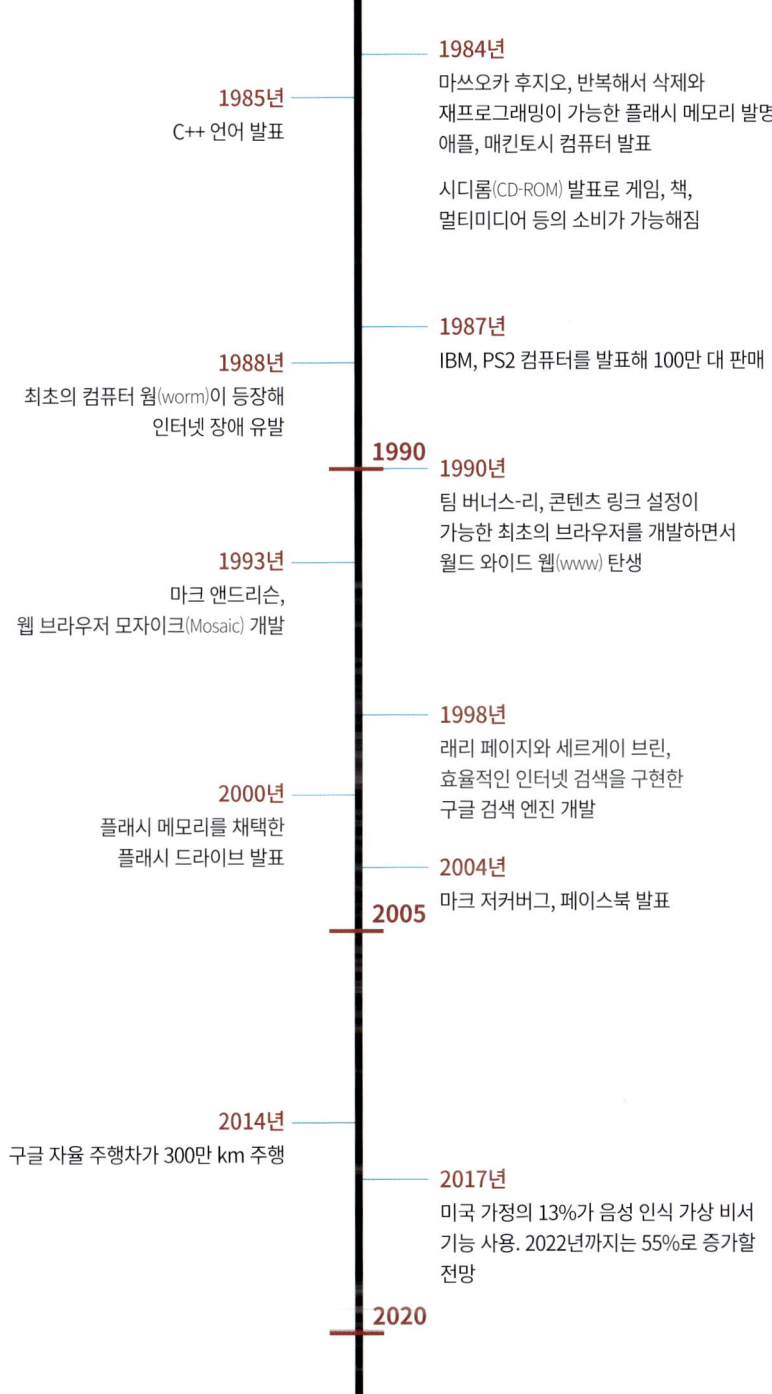

알콰리즈미 기념 우표.

무함마드 이븐 무사 알콰리즈미는 누구인가?

알콰리즈미(서기 780~850)의 초상화는 따로 전해 내려오지 않습니다. 많은 교과서와 역사책에 등장하는 알콰리즈미의 모습은 1983년에 구소련에서 발행된 알콰리즈미 기념 우표(왼쪽 그림)에 그려진 그림입니다. 알콰리즈미는 페르시아의 화레즘에서 태어났습니다. 오늘날 우즈베키스탄에 속하는 지역으로, 이전에는 구소련의 영토였습니다.

알콰리즈미는 페르시아의 수학자이자 천문학자입니다. 그의 대수학—고대 바빌로니아 사람들이 창안한 방정식 풀이 체계—책은 12세기에 유럽 지역으로 전파되어 근대 수학의 기초가 되었습니다. 아울러, 그의 다른 저술은 힌두교의 숫자들을 서양에 소개했습니다. '0, 1, 2, 3, 4, 5, 6, 7, 8, 9'가 없는 세상은 상상조차 하기 힘듭니다. 초창기의 학자들은 숫자들의 정확한 기원을 모른 채 알콰리즈미의 출신 지역만 생각해서 아라비아 숫자라는 이름으로 불렀습니다. 오늘날은 숫자가 힌두교에서 기원한 것과 아라비아의 수학자들이 그 발전에 기여한 것을 반영해 '힌두-아라비아 숫자'라고 흔히 부릅니다.

서양의 학자들은 알콰리즈미의 저서 가운데 라틴어로 번역된 것에 대해서만 알았기 때문에 알콰리즈미는 라틴어식 이름인 '알고리트미'로 알려졌습니다. 알고리트미는 문제를 푸는 단계적인 방법들을 설명하는 논문을 썼는데, 그의 라틴어 이름에서 '알고리듬(알고리즘)'이라는 말이 유래했습니다.

초창기 컴퓨터가 대부분 서양의 과학자와 기술자들에 의해 발전하긴 했지만, 페르시아 수학자 무함마드 이븐 무사 알콰리즈미의 공적도 잊지 말아야 합니다.

주석

24쪽 _ "노동자들이 기계의 발전에 희생되었다!" 월터 아이작슨, 『이노베이터』, 9쪽.
24쪽 _ "미쳤고, 못됐고, 알면 위험한 인간." 테리 캐슬, 「미쳤고, 못됐고, 알면 위험한 인간」.
25쪽 _ "시적인 과학이라고요." 월터 아이작슨, 앞의 책, 7쪽.
33쪽 _ "해석 기관은 단순한 계산 기계들과는 근본적으로 다릅니다." 위의 책, 27쪽.
33쪽 _ "해석 기관은 어떤 값들을 마치 글자나 기호처럼…." 도런 스웨이드, 『차분 기관』, 170쪽.
43쪽 _ "이 육중한 기계가 굉음을 울려 대고 있었다." 위의 책, 90쪽.
53쪽 _ "자, 기계가 어떻게 동작하는지 파악해서 프로그래밍 방법을 재주껏 알아내 보셔." 위의 책, 98쪽.
53쪽 _ "계속 연구하다 보니 문제를 해결하는 능력은 우리가 기술자들보다 더 뛰어났어요." 위와 같음.
54쪽 _ "컴퓨터에서 프로그래밍이 얼마나 중요하고… 맡기지 못했을걸?" 위의 책, 100쪽.
58쪽 _ "여보, 오늘 우리가 중요한 걸 발견했어." 위의 책, 144쪽.
60쪽 _ "트랜지스터의 등장으로… 설계할 수 있게 됐어." 존 팰프리먼, 『세상을 바꾼 기계』.
60쪽 _ "그걸 다 어떻게 연결할까?… 전선 뭉치가 될 거야." 위와 같음.
63쪽 _ "4L도 안 되는 연료를 가지고… 새로 사는 게 더 싸겠지…." 위와 같음.
64쪽 _ "계산기로 해결할 문제가… 중단해야 합니다." 스탠 오거틴, 『서서히』, 155~156쪽.
64쪽 _ "우리가 이 사업에 뛰어들지 않으면 다른 누군가가 가져갈 겁니다!" 존 팰프리먼, 앞의 책.
66쪽 _ "재미있어해야 할 텐데." 〈모든 대중의 어머니〉, 유튜브.
69쪽 _ "그저 무슨 일을 할 것인지를 단계별로 알려 주기만 하면 되죠." 월터 아이작슨, 앞의 책, 92쪽.
71쪽 _ "모든 사람에게 컴퓨터를 주면 어떻겠습니까?" 스티브 로어, 「개인 컴퓨터의 개척자 H. 에드워드 로버츠 68살에 사망하다」.

73쪽 _ "우리 없이 이럴 수는 없다고!" 월터 아이작슨, 앞의 책, 332쪽.

74쪽 _ "우리는 틈만 나면 이런저런 컴퓨터를 구해서 가지고 놀았지." 빌 게이츠.

75쪽 _ "언제 봐도 손바닥이 노랗더라니까…." 월터 아이작슨, 앞의 책, 327쪽.

75쪽 _ "야, 우리 진짜로 성공하면… 직원이 서른다섯이나 될 정도로 클 수도 있다고." 필 킹턴 등, 「폴 앨런: 나는 빌 게이츠가 내 책에 놀랐다고 생각한다」.

76쪽 _ "내 인생에서 가장 중요한 밤이 됐지 뭐야." 월터 아이작슨, 앞의 책, 334쪽.

77쪽 _ "비쩍 곯았지만, 뚝심이 있고 에너지가 철철 넘치는 친구였지." 위의 책, 346쪽.

78쪽 _ "이걸 배우기 위해 손글씨 수업을 듣기로 했지." 니라 촉시.

79쪽 _ "아름답고, 역사적이고, 과학으로는 포착할 수 없는 미적인 섬세함을 가진 것에 끌렸어." 니라 촉시.

79쪽 _ "그게 갑자기 다시 떠올랐지." 니라 촉시, 「스티브 잡스에게 손글씨 영감을 준 태라피스트 승려—애플의 디자인에도 영향을 줌」.

81쪽 _ "내 기술과 그의 아이디어라면 무엇이든 해낼 수 있다는 자신감을 얻었지." 월터 아이작슨, 앞의 책, 347쪽.

83쪽 _ "구성을 다 갖춘 최초의 컴퓨터를 개발하는 것이 목표였지. 더 이상 소수의 동호인을 목표로 하지 않았어…. 사서 바로 쓸 수 있는 컴퓨터를 원하는 사람이 천 배는 더 많았거든." 위의 책, 352쪽.

94쪽 _ "특정한 목적지를 설정할 수 있고, 인간의 느린 반사 신경을 극복할 수 있는… '로봇 두뇌'를 가진 차량의 개발에 많은 노력이 투입될 것이며…." 이안 보고스트, 「로봇 자동차의 알려지지 않은 역사」.

98쪽 _ "스스로가 알아서 무언가를 하지는 않아요. 뭐든 사람이 명령하는 것만 할 수 있거든요… 참과 거짓을… 예측하는 능력은 전혀 없다고요." 월터 아이작슨, 앞의 책, 29쪽.

99쪽 _ "기계가 지능을 보인다고 해야 할 듯하다." 위의 책, 124쪽.

99쪽 _ "기계는 생각할 수 있는가라는 문제를 검토할 것을 제안한다." 앨런 튜링, 「계산하는 기계와 지성」

100쪽 _ "논의가 무의미할 지경이다." 위와 같음.

101쪽 _ "질문은 '기계가 생각을 할 수 있을까?'가 아니라 '흉내 내기 게임을 잘 해낼 디지털 컴퓨터가 가능할까?'로 바뀌어야 한다." 위와 같음.

103쪽 _ "저는 대략 50년 안에는… 질문자가 5분간 질문한 뒤 컴퓨터와 사람을 정확히 구분할 확률이 70%가 넘지 못하게 흉내 내기 게임을 잘하도록 컴퓨터를 프로그래밍할 수 있을 거라고 믿어요." 위와 같음.

104쪽 _ "인간의 지능으로 감당할 수 있는 분야에 컴퓨터가 진출해 결국 인간과 동등한 조건으로 경쟁하지 못할 이유가 없어 보인다." 컴퓨터 역사 박물관.

참고문헌

책

도론 스웨이드, 『차분 기관: 찰스 배비지와 최초의 컴퓨터 개발을 위한 탐구』, 뉴욕: 펭귄, 2001.

로버트 컬리 등, 『컴퓨팅: 주판에서 아이패드까지』, 뉴욕: 브리태니커 교육 출판사, 2012.

마이클 숀 마호니, 『컴퓨팅의 역사』, 케임브리지: 하버드 대학교 출판부, 2011.

스탠 오거튼, 『비트 바이 비트: 그림으로 보는 컴퓨터의 역사』, 뉴욕: 티크노어 앤드 필즈, 1984.

스티븐 메인즈 · 폴 앤드루스, 『게이츠』, 뉴욕: 더블데이, 1993.

월터 아이작슨, 『혁신가들: 해커, 천재, 괴짜들이 어떻게 디지털 혁명을 일으켰나』, 뉴욕: 사이먼 앤드 슈스터, 2014.

제인 뮤어, 『인간과 숫자: 위대한 수학자 이야기』, 뉴욕: 도버 출판사, 1996. books.google.com/books?id=uV3rJkmnQhsC&printsec=frontcover#v=one&q&f=false

조지 다이슨, 『튜링의 대성당』, 뉴욕: 판테온 북스, 2012.

조지 이프라, 『컴퓨팅의 세계사』, 뉴욕: 와일리 앤드 선즈, 2001.

존 마코프, 『동면쥐가 한 말』, 뉴욕: 바이킹, 2005.

찰스 배비지, 『거리의 소음에 관한 장』, 런던: 존 머레이, 1864. play.google.com/books/reader?id=RilcAAAAcAAJ&pg=GBS.PA1.

찰스 배비지, 『철학자의 생애에서 나온 구절들』, 런던: 롱먼, 그린, 롱먼, 로버츠와 그린, 1864. archive.org/details/passagesfromlif00babbgoog.

찰스 시프, 『제로: 위험한 생각의 전기』, 뉴욕: 펭귄, 2000.

케이티 해프너 · 매튜 라이언, 『마술사가 늦게까지 깨어 있던 곳』, 뉴욕: 사이먼 앤드 슈스터, 1996.

J. M. 풀먼, 『주판의 역사』, 뉴욕: 프레드릭 A. 프레이저, 1968.

글

「기계 속 나방: 버그의 근원을 디버깅하다」, ≪컴퓨터월드≫, 2011년 9월 3일. www.computerworld.com/article/2515435/app-development/moth-in-the-machine--debugging-the-origins-of--bug-.html.

「베델사, 공장 자동화 속도를 높이기 위해 로봇을 생산하다」, ≪브리지포트 포스트≫, 1961년 2월 23일. 15쪽. www.newspapers.com/clip/19396064/early_unimate_robotic_arm_article/.

국제로봇연맹(IFR), 「2020년까지 전 세계에 로봇이 두 배로 늘어난다」, 2018년 3월 30일. ifr.org/ifr-press-releases/news/robots-double-worldwide-by-2020.

네하 프라카시, 「최초의 컴퓨터 마우스가 나무로 만들어졌다는 것을 알고 있었나」, 2012년 10월 5일. mashable.com/2012/10/05/mouse-history/#1zwXrCCCiEq.

니라 촉시, 「스티브 잡스에게 영감을 주고 애플의 디자인에 영향을 끼친 서예가이자 트라피스트 수도승」, ≪워싱턴 포스트≫, 2016년 3월 8일. www.washingtonpost.com/news/arts-and-entertainment/wp/2016/03/08/the-trappist-monk-whose-calligraphy-inspired-steve-jobs-and-influenced-apples-designs/?utm_term=.356870064439.

딜런 트위니, 「1968년 12월 9일: 모든 시연의 어머니」, ≪와이어드≫, 2012년 12월 10일. www.wired.com/2010/12/1209computer-mouse-mother-of-all-demos/.

랜디 알프레드, 「1953년 11월 4일: 선거 결과 예측에서 유니박은 적중했지만, CBS는 멈칫거렸다」, ≪와이어드≫. 2010년 11월 4일. www.wired.com/2010/11/1104cbs-tv-univac-election/.

마리아 포포바, 「배비지와 디킨스가 소음과의 전쟁을 벌였을 때」, ≪브라이언 피킹스≫(블로그). 일자 미상. www.brainpickings.org/2012/11/28/discord-babbage-noise/.

마이클 N 게셀로위츠, 「자카드 직조기: 산업혁명의 원동력」, 2016년 7월 18일. theinstitute.ieee.org/tech-history/technology-history/the-jacquard-loom-a-driver-of-the-industrial-revolution.

브라이언 크리스찬, 「정신 대 기계」, ≪애틀랜틱≫, 2011년 3월. www.theatlantic.com/magazine/archive/2011/03/mind-vs-machine/308386/.

빌 게이츠, 「폴 앨런에 대하여 내가 좋아했던 것」, ≪게이츠 노트≫, 2018년 10월 16일. www.gatesnotes.com/About-Bill-Gates/Remembering-Paul-Allen.

스티브 로어, 「개인 컴퓨터의 개척자 H. 에드워드 로버츠 68살에 사망하다」, ≪뉴욕 타임스≫, 2010년 4월 2일. www.nytimes.com/2010/04/03/business/03roberts.html.

아르나브 하자리, 「전자 제품은 처리 능력의 한계에 다다랐지만, 해결책이 있다」, ≪쿼츠≫, 2017년 1월 5일. qz.com/852770/theres-a-limit-to-how-small-we-can-make-transistors-but-the-solution-is-photonic-chips/.

윌 나이트, 「이 로봇은 제조업을 변화시킨다」, ≪테크놀로지 리뷰≫, 2013년 9월 18일. www.technologyreview.com/s/429248/this-robot-could-transform-manufacturing/.

이안 보고스트, 「로봇 자동차의 비밀스러운 역사」, ≪애틀랜틱≫, 2014년 11월 14일. www.theatlantic.com/magazine/archive/2014/11/the-secret-history-of-the-robot-car/380791/.

제러미 피어스, 「조지 C. 데볼, 로봇팔의 발명가 99살에 사망하다」, ≪뉴욕 타임스≫, 2011년 8월 15일. www.nytimes.com/2011/08/16/business/george-devol-developer-of-robot-arm-dies-at-99.html.

제임스 R 하가티, 「제조용 로봇의 새로운 세대를 만나보라」, ≪월스트리트 저널≫, 2015년 6월 2일. www.wsj.com/articles/meet-the-new-generation-of-robots-for-manufacturing-1433300884.

존 마크오프, 「애플의 예지력이 디지털 시대를 재정의하다」, ≪뉴욕 타임스≫, 2011년 10월 5일. www.nytimes.com/2011/10/06/business/steve-jobs-of-apple-dies-at-56.html.

케빈 켈리, 「마침내 전 세계에 AI를 퍼뜨린 세 가지 돌파구」, ≪와이어드≫, 2014년 10월 27일. www.wired.com/2014/10/future-of-artificial-intelligence/.

크리스토퍼 홀링스 · 어슐러 마틴 · 애드리언 라이스, 「해석 기관에 관한 에이다 러블레이스의 노트는 어떻게 최초의 컴퓨터 프로그램을 만들었나」, ≪사이언스 포커스≫, 2018년 6월 15일. www.sciencefocus.com/future-technology/how-ada-lovelaces-notes-on-the-analytical-engine-created-the-first-computer-program/.

테리 캐슬, 「알기엔 미치고, 나쁘고 위험한」, ≪뉴욕 타임스≫, 1997년 4월 13일. archive.nytimes.com/www.nytimes.com/books/97/04/13/reviews/970413.13castlet.html.

톰 시모나이트, 「이 더 강력한 버전의 알파고는 스스로 학습한다」, ≪와이어드≫, 2017년 10월 18일. www.wired.com/story/this-more-powerful-version-of-alphago-learns-on-its-own.

피터 할리, 「이 회사는 이미 직원들에게 마이크로칩을 심는다. 병든 당신의 친척이 다음 차례가 될 수 있을까?」, ≪워싱턴 포스트≫, 2018년 8월 23일. www.washingtonpost.com/technology/2018/08/23/this-firm-already-microchips-employees-could-your-ailing-relative-be-next/?utm_term=.0dc845d65dfe.

필킹턴 등, 「폴 앨런: 빌 게이츠가 제 책을 보고 놀란 듯합니다. 책에 대해 그가 치열한 토론을 원할 것 같습니다」, ≪가디언≫, 2011년 5월 2일. www.theguardian.com/technology/2011/may/02/paul-allen-microsoft-bill-gates-ideas.

헤일리 와이스, 「언젠가 당신이 마이크로칩 임플란트를 받을지 모를 이유」, ≪애틀랜틱≫,

마이클 N 게셀로위츠, 「자카드 직조기: 산업혁명의 원동력」, 2016년 7월 18일. theinstitute.ieee.org/tech-history/technology-history/the-jacquard-loom-a-driver-of-the-industrial-revolution.

브라이언 크리스찬, 「정신 대 기계」, ≪애틀랜틱≫, 2011년 3월. www.theatlantic.com/magazine/archive/2011/03/mind-vs-machine/308386/.

빌 게이츠, 「폴 앨런에 대하여 내가 좋아했던 것」, ≪게이츠 노트≫, 2018년 10월 16일. www.gatesnotes.com/About-Bill-Gates/Remembering-Paul-Allen.

스티브 로어, 「개인 컴퓨터의 개척자 H. 에드워드 로버츠 68살에 사망하다」, ≪뉴욕 타임스≫, 2010년 4월 2일. www.nytimes.com/2010/04/03/business/03roberts.html.

아르나브 하자리, 「전자 제품은 처리 능력의 한계에 다다랐지만, 해결책이 있다」, ≪쿼츠≫, 2017년 1월 5일. qz.com/852770/theres-a-limit-to-how-small-we-can-make-transistors-but-the-solution-is-photonic-chips/.

윌 나이트, 「이 로봇은 제조업을 변화시킨다」, ≪테크놀로지 리뷰≫, 2013년 9월 18일. www.technologyreview.com/s/429248/this-robot-could-transform-manufacturing/.

이안 보고스트, 「로봇 자동차의 비밀스러운 역사」, ≪애틀랜틱≫, 2014년 11월 14일. www.theatlantic.com/magazine/archive/2014/11/the-secret-history-of-the-robot-car/380791/.

제러미 피어스, 「조지 C. 데볼, 로봇팔의 발명가 99살에 사망하다」, ≪뉴욕 타임스≫, 2011년 8월 15일. www.nytimes.com/2011/08/16/business/george-devol-developer-of-robot-arm-dies-at-99.html.

제임스 R 하가티, 「제조용 로봇의 새로운 세대를 만나보라」, ≪월스트리트 저널≫, 2015년 6월 2일. www.wsj.com/articles/meet-the-new-generation-of-robots-for-manufacturing-1433300884.

존 마크오프, 「애플의 에지력이 디지털 시대를 재정의하다」, ≪뉴욕 타임스≫, 2011년 10월 5일. www.nytimes.com/2011/10/06/business/steve-jobs-of-apple-dies-at-56.html.

케빈 켈리, 「마침내 전 세계에 AI를 퍼뜨린 세 가지 돌파구」, ≪와이어드≫, 2014년 10월 27일. www.wired.com/2014/10/future-of-artificial-intelligence/.

크리스토퍼 홀링스 · 어슐러 마틴 · 애드리언 라이스, 「해석 기관에 관한 에이다 러블레이스의 노트는 어떻게 최초의 컴퓨터 프로그램을 만들었나」, ≪사이언스 포커스≫, 2018년 6월 15일. www.sciencefocus.com/future-technology/how-ada-lovelaces-notes-on-the-analytical-engine-created-the-first-computer-program/.

테리 캐슬, 「알기엔 미치고, 나쁘고 위험한」, ≪뉴욕 타임스≫, 1997년 4월 13일. archive.nytimes.com/www.nytimes.com/books/97/04/13/reviews/970413.13castlet.html.

톰 시모나이트, 「이 더 강력한 버전의 알파고는 스스로 학습한다」, ≪와이어드≫, 2017년 10월 18일. www.wired.com/story/this-more-powerful-version-of-alphago-learns-on-its-own.

피터 할리, 「이 회사는 이미 직원들에게 마이크로칩을 심는다. 병든 당신의 친척이 다음 차례가 될 수 있을까?」, ≪워싱턴 포스트≫, 2018년 8월 23일. www.washingtonpost.com/technology/2018/08/23/this-firm-already-microchips-employees-could-your-ailing-relative-be-next/?utm_term=.0dc845d65dfe.

필킹턴 등, 「폴 앨런: 빌 게이츠가 제 책을 보고 놀란 듯합니다. 책에 대해 그가 치열한 토론을 원할 것 같습니다」, ≪가디언≫, 2011년 5월 2일. www.theguardian.com/technology/2011/may/02/paul-allen-microsoft-bill-gates-ideas.

헤일리 와이스, 「언젠가 당신이 마이크로칩 임플란트를 받을지 모를 이유」, ≪애틀랜틱≫,

2018년 9월 21일. www.theatlantic.com/technology/archive/2018/09/how-i-learned-to-stop-worrying-and-love-the-microchip/570946/.

A. M. 튜링, 「컴퓨팅 기계와 지능」, ≪마인드≫ 49, 433~460쪽. www.csee.umbc.edu/courses/471/papers/turing.pdf.

H. P. 모라빅, 「스탠퍼드 카트와 CMU 로버」, IEEE.org. ieeexplore.ieee.org/document/1456952/.

텔레비전

〈모든 시연의 어머니, 더글러스 엥겔바트 제공(1968)〉, PC 뮤직, 1968년 12월 9일. www.youtube.com/watch?v=yJDv-zdhzMY.

길 프레스, 「튜링 테스트와 튜링 기계」, ≪포브스≫, 2017년 11월 5일. www.forbes.com/sites/gilpress/2017/11/05/the-turing-test-and-the-turing-machine/#403d32aa1a14.

존 팰프리먼, '2화: 미래에 투자하다', 〈세상을 바꾼 기계〉, 새로운 TV 워크숍 제작, WGBH 보스턴, 1992년. www.youtube.com/watch?v=krlZf5H7Hp4&t=4s&list=PLTWacCXLFE_n1my1AiB-9Zbi0bUu3bnMx&index=4.

존 팰프리먼, '3화: 페이퍼백 컴퓨터', 〈세상을 바꾼 기계〉, 새로운 TV 워크숍 제작, WGBH 보스턴, 1992년. www.youtube.com/watch?v=iwEpKy_7mYM&list=PLTWacCXLFE_n1my1AiB-9Zbi0bUu3bnMx&index=4.

존 팰프리먼, '4화: 생각하는 기계', 〈세상을 바꾼 기계〉, 새로운 TV 워크숍 제작, WGBH 보스턴, 1992년. www.youtube.com/watch?v=tXMaFhO6dIY&index=6&list=PLTWacCXLFE_n1my1AiB-9Zbi0bUu3bnMx.

존 패트릭 풀린, 「당신이 묻는다: 무인 자동차는 어떻게 작동하는가?」, ≪타임≫, 2월 24일,

2018년. time.com/3719270/you-asked-how-do-driverless-cars-work/.
채드-엔지어. 〈사이언티픽 아메리칸 프런티어〉. '3화: 대회'. chedd-angier.com/frontiers/season4.html.
티비 푸이우. '당신의 스마트폰은 1969년 나사의 모든 컴퓨팅 능력을 결합한 것보다 수백만 배 더 강력하다'. ≪ZME 사이언스≫. 2017년 9월 19일. www.zmescience.com/research/technology/smartphone-power-compared-to-apollo-432/.
BBC. 〈인공 지능〉. www.bbc.com/future/tags/artificialintelligence.
PBS 디지털 스튜디오. '불 논리와 논리 게이트'. 〈크래시코스〉. 2017년 3월 8일. www.youtube.com/watch?v=gI-qXk7XojA.
PBS 디지털 스튜디오. '이진수로 숫자와 문자를 나타내다'. 〈크래시코스〉. 2017년 3월 15일. www.youtube.com/watch?v=1GSjbWt0c9M.

웹사이트

미국 자연사 박물관. '지혜의 전당'. www.amnh.org/exhibitions/traveling-the-silk-road/take-a-journey/baghdad/house-of-wisdom.
컴퓨터 역사 박물관. '컴퓨터에 키보드로 직접 입력하다'. www.computerhistory.org/timeline/1956/.
컴퓨터 역사 박물관. '엥겔바트 마우스의 시제품(복제본)'.

지은이의 말

 위대한 아이디어는 이전의 덜 알려진 위대한 아이디어를 딛고 서 있다는 말이 새로운 이야기는 아닙니다만, 이 말은 다시 들어도 진리이고 또 흥미롭습니다. '세상을 바꾼 위대한 아이디어' 시리즈는 어렵사리 계승되어 오면서 세상을 바꾸기에 이른 아이디어들을 기념하는 책입니다.

 컴퓨터는 우리 생활에 너무도 깊게 파고들었습니다. 우리와 항상 함께 있었다고 생각하게 되는 것도 무리가 아닐 정도입니다. 하지만 젊은 세대는 컴퓨터가 보편화되기 이전의 시대를 알지 못합니다. 대략 마흔 살을 넘은 기성 세대 독자라면 컴퓨팅의 발전이 종착역에 온 게 아니라 미래로 가는 중간역에 와 있을 뿐이라는 것을 이 책을 통해 새삼 확인할 것입니다.

 컴퓨터와 컴퓨팅의 초기 역사를 '서양'에서 이루어진 성취라고 흔히들 말합니다. 그러나 계산 도구와 기술의 발전은 많은 부분이 아랍과 아시아 지역에서 이루어졌습니다. 백인 남성 우월주의의 영향으로 여성과 유색인의 업적이 묻힌 것이기도 합니다. 전부터 여성들은 문화 규범상, 수학과 컴퓨팅은 말할 것도 없고, 학문 탐구의 기회를 제대로 얻지 못했습니다. 1970년대 후반까지도, 젊은 여성들은 대학 진학 대신 취업을 강요받곤 했습니다. 직장에서도 간부보다는 비서나 사무직에 만족해야 했습니다. 그 시절 여성들에게는 직장 생활보다 주부로서의 삶이 강조되었습니다. 유색인들은 노골적인 차별에 교육 기회를 제약받고 취업을 거부당하기도 했습니다. 유색인 여성이라면 성차별에 인종차별까지 겪어야 했습니다.

 과학을 서양이 주도하던 시대는 지났습니다. 한국, 인도, 중국, 일본 등은 컴퓨터와 컴퓨팅, 인공 지능 분야의 강국입니다. 페이스북과 구글 같은 거대 기술 기업들은 인종과 종교, 남녀의 차별 없이 인재를 채용합니다. 그러나 기술 분야에 장밋빛만 가득한 것은 아닙니다. 여전히 백인 남성들이 컴퓨터 관련 학위의 대부분을 취득하고 있습니다. 제가 이 글을 쓰고 있는 지금도, 컴퓨터학을 공부하는 미국 여성들의 수가 감소하고 있습니다. 활짝 열리고 있는 취업문을 생각하면 아쉬운 부분입니다.

오늘날 세상이 정신없이 변하고 있지만 저는 역사의 바퀴가 과거보다 빠르게 돌고 있다고는 믿지 않습니다. 한번 생각해 보세요. 콜럼버스가 카리브해에 당도한 지 20년 만에 폰세 데 레온이 플로리다를 '발견'했습니다. 증기 기관이 발명되고 약 30년 뒤에는 경쟁력을 갖춘 증기 기관차가 등장했습니다. 닐 암스트롱이 달에 착륙한 지 50년이 넘었지만 인류는 달을 다시 밟지 못하고 있습니다.

메인프레임, 소프트웨어, 개인용 컴퓨터, 스마트폰, 태블릿, 개인 비서 등을 망라한 현대적인 컴퓨팅의 역사는 60년에 불과합니다. 우리는 아직 정보화 시대의 초창기에 있다고 할 수 있습니다. 우리는 여전히 '플로리다', '증기 기관', '인간의 달 재착륙'을 기다리는 중입니다. 믿기지 않을 엄청난 것들일 수 있습니다!

위대한 아이디어는 그 자체가 종착역이 아니라 크고 작은 아이디어들이 긴 시간에 걸쳐 이루는 연속체상의 한 지점에 불과합니다. 탁월한 성공이나 비극적 실패를 막론하고, 아이디어들은 제가 이 시리즈에서 밟아 가는 하나의 길입니다. 여느 여행과 마찬가지로, 즐거움은 행선지가 아니라 여정 자체에 있습니다.

* 2019년 가을, 지구상에서 가장 빠른 기존 슈퍼컴퓨터로도 1만 년이 걸렸을 계산을 3분 반 만에 끝냈다는 새로운 초고성능 컴퓨터에 대한 보도가 있었습니다. 이것은 컴퓨팅의 분수령일까요?

글 · 그림 **돈 브라운** Don Brown

독자들의 공감을 불러일으키는 이야기를 쓰고 감동적인 그림을 그리는 저자이자 일러스트레이터이다. 특히 열정적으로 살아간 사람들의 기쁨과 아픔, 행복과 슬픔을 독자들과 함께 나눌 수 있는 작품을 만들고 있다. 그의 책들은《워싱턴 포스트》,《뉴욕 타임스》,《스쿨 라이브러리 저널》,《혼 북》, 뉴욕 공립도서관 등의 찬사를 받았으며, 선구적이고, 세심한 공이 들어갔으며, 동정심을 불러일으키고, 솔직하다는 평을 받았다. 그가 쓰고 그린 책으로 『시리아 난민 이야기』, 『흙보다 더 오래된 지구』, 『공포의 먼지 폭풍』, 『코로나 팬데믹을 닮은 스페인 독감』, 『백신의 역사』, 『달 탐험의 역사』 등이 있다.

옮긴이 **이섬민**

정보통신 관련 매체의 기자를 거쳐 번역가로 일하고 있다. 옮긴 책으로 『유레카! 과학의 비밀』, 『도구와 기계』, 『시간에 대한 열 가지 생각』, 『세상에서 가장 아름다운 도서관』, 『세상을 훔친 지식 설계도, 다이어그램』, 『처음 읽는 건축의 역사』 등이 있다.

세상을 바꾼 위대한 아이디어 3
생각하는 기계

1판 1쇄 발행   2022년 9월 13일
1판 2쇄 발행   2023년 7월 11일

글 · 그림 돈 브라운 I 옮긴이 이섬민
펴낸이 조추자 I 펴낸곳 두레아이들
등록 2002년 4월 26일 제10-2365호
주소 (04075)서울시 마포구 독막로 100 세방글로벌시티 603호
전화 02)702-2119(영업), 703-8781(편집), 02)715-9420(팩스)
이메일 · 블로그 dourei@chol.com | blog.naver.com/dourei

• 책값은 뒤표지에 적혀 있습니다. 잘못 만들어진 책은 구입하신 곳에서 바꾸어 드립니다.

ISBN 979-11-91007-22-0   77500